中国文化知识文库

中国古代金融与商业

徐　潜／主　编

张　克　崔博华／副主编

喻淑珊　黄二丽／编　著

吉林出版集团 吉林文史出版社

图书在版编目（CIP）数据

中国古代金融与商业 / 徐潜主编 . —长春：吉林文
史出版社，2013.3 （2025.9重印）

ISBN 978-7-5472-1500-5

Ⅰ.①中⋯ Ⅱ.①徐⋯ Ⅲ.①金融-经济史-中
国-古代-通俗读物 ②商业史-中国-古代-通
俗读物 Ⅳ.①F832.92-49 ②F729.2-49

中国版本图书馆 CIP 数据核字（2013）第 062894 号

中国古代金融与商业

ZHONGGUO GUDAI JINRONG YU SHANGYE

主　　编	徐　潜
副主编	张　克　崔博华
责任编辑	张雅婷
装帧设计	映象视觉
出版发行	吉林文史出版社有限责任公司
地　　址	长春市福祉大路 5788 号
印　　刷	唐山富达印务有限公司
版　　次	2013 年 3 月第 1 版
印　　次	2025 年 9 月第 5 次印刷
开　　本	720mm×1000mm　1/16
印　　张	9.25
字　　数	250 千
书　　号	ISBN 978-7-5472-1500-5
定　　价	68.00 元

序　言

　　民族的复兴离不开文化的繁荣，文化的繁荣离不开对既有文化传统的继承和普及。这套《中国文化知识文库》就是基于对中国文化传统的继承和普及而策划的。我们想通过这套图书把具有悠久历史和灿烂辉煌的中国文化展示出来，让具有初中以上文化水平的读者能够全面深入地了解中国的历史和文化，为我们今天振兴民族文化，创新当代文明树立自信心和责任感。

　　其实，中国文化与世界其他各民族的文化一样，都是一个庞大而复杂的"综合体"，是一种长期积淀的文明结晶。就像手心和手背一样，我们今天想要的和不想要的都交融在一起。我们想通过这套书，把那些文化中的闪光点凸现出来，为今天的社会主义精神文明建设提供有价值的营养。做好对传统文化的扬弃是每一个发展中的民族首先要正视的一个课题，我们希望这套文库能在这方面有所作为。

　　在这套以知识点为话题的图书中，我们力争做到图文并茂，介绍全面，语言通俗，雅俗共赏。让它可读、可赏、可藏、可赠。吉林文史出版社做书的准则是"使人崇高，使人聪明"，这也是我们做这套书所遵循的。做得不足之处，也请读者批评指正。

编　者

2012 年 12 月

目 录

古代钱币

　　中国古代的钱币萌芽于夏代，起源于殷，发展于东周，统一于秦，大概经历了四千年的历史，最终确立了以铜铸造的、以方孔圆钱为主的、封建经济下的货币制度。

　　古代钱币是我国宝贵文化遗产的重要组成部分，长期以来，对古钱币的研究和收藏未曾中断，并且发展成为一种专门的学问——钱币学。这种学问对弘扬中国文化传统、丰富人民文化生活有着极其重要的作用。

一、古代钱币发展概述

（一）先秦时期的钱币

先秦时期的钱币，也就是秦始皇统一中国以前出现的钱币，包括原始钱币（贝币）、金属称量货币和金属铸币等。中国古代钱币起源于何时？这个问题在

《史记》等古籍中记载得太简略了，后人也怀疑其真实性。新中国建立后的考古发掘材料证明，夏代时期已经出现了贝壳，但是否用作货币还不能证明，不过商代使用贝币已经没有多大疑问了，这主要根据的是甲骨文和金文的有关记载。春秋战国时期，诸侯称霸，各占一方。文化上百家争鸣，经济上高度繁荣发达，流通的金属货币，形式也多种多样，而且因地而异，各不相同。有布币、刀币、圆形钱、楚铜贝、楚金币等，以赵国的铲币、齐国的刀币、秦国的圆形方孔钱、楚国的蚁鼻钱最为著名。铲币形似微型的农具铲，首空可以纳柄。由于铲形农具古称"钱"，故铲形币亦称"钱"，"钱"也就逐渐成了货币的通称，沿用到了今天。刀币也称为"刀化"，其形状源自工具刀。秦国的圆形方孔钱影响最为巨大。楚币上有两种常见的铭文，难以识别，形似蚂蚁，所以人们以这两种钱币的特征统称这类钱币为"蚁鼻钱"。据记载，先秦时期也有用黄金和布帛作为货币的。先秦时期的这些钱币带有浓厚的地方色彩，对历史研究具有重大的意义，虽然目前还有很多问题没有解决，但是随着文物研究的深入，对先秦时期的钱币和历史会有更深入、全面的了解。

（二）秦汉三国两晋南北朝时期的钱币

秦王嬴政统一中国以后，经济迅速发展，商品流通也日益兴盛，从此进入了我国古代商品经济发展的第一个高峰期，在这个基础上渐渐形成了我国历史

中国古代金融与商业

上第一个结构规范完整的钱币体系。秦王嬴政（公元前210年）颁布了中国最早的钱币法，用秦国的钱币代替各国钱币，并下令废弃各国的旧钱币，在全国范围内使用秦国圆形方孔的"半两钱"。史书记载半两钱重约8克。钱币的统一，结束了中国古代钱币形状各异、重量悬殊的情况，是我国古代钱币史上由形状杂乱向形状整齐规范的一次重要变革，也是我国历史上的第一次重要的钱币改革。这种具有宇宙观"地方天圆"含义的半两钱形制从这个时候固定下来，一直沿用到民国初期，通行了两千多年，成为中国钱币发展史上的一座重要的里程碑。

汉代初年，郡国可以自由铸造钱币的政策，造成了钱币使用的混乱。汉武帝（公元前113年）将铸造钱币的权力收回中央，并且下令铸造新的"五铢钱"（24铢为1两），由上林三官统一铸造，这是中国历史上第一次全面地完成了货币的标准化的工作，也是第一个由国家铸造钱币的工场，确定了中央政府对钱币铸造、发行的专有权力。此后，历代铸造钱币都是由中央直接管理的，这对稳定各个朝代的经济和政治起了重要的作用。而且五铢钱具有轻重适宜、大小适中的特点，因此被称为"长寿钱"，后来一直流通了大约七百年（据考证最后一个使用五铢钱的朝代是隋朝），成为我国历史上通用时间最长、最成功的货币。

两汉之际（王莽时代）是我国钱币发行最为混乱的时期。在短暂八年时间进行了四次钱币的改革，有铜、龟、金、贝、银等五物六名二十八品，这几次改革都不是把商品流通需要作为出发点的，而是统治阶级在随心所欲地变化钱币制度。当然也不完全是缺点，例如他们虽然造成了钱币制度的很大紊乱，但其铸造钱币的技术却达到了空前的水平。由于铸钱的文字秀美、工艺精致、玲珑可爱、造型别致，王莽也得到"古今第一铸钱好手"的美誉。东汉初期使用王莽的钱币也有这个原因。后来才慢慢恢复五铢钱的铸造。汉代值得骄傲的还有中国最早的铁钱的铸造，就是建武六年（30年），公孙述在四川所铸造的五铢铁钱，从此时到民国初年的两千多年中，中国铸行铁钱的时间断断续续有五六百年左右，可谓历史悠久。

秦汉时期，秦始皇以黄金为

钱币，用镒作为单位（合计 20 两），大多作为皇帝对臣子的赏赐和大宗支付。到西汉时改用斤（合计 16 两）为单位，黄金的使用流行一时，具体形态有金饼、金版。当中，王莽铸造的"一刀平五千"，"一刀"两字是用黄金装饰而成的，每一枚的价值是五千五铢钱，这就是中国古代有名的"金错刀"货币。东汉建立以后，黄金已经用作流通的手段了，《后汉书》中就有这样的记载："货币杂用布、帛、金、粟。"可以说我国金币的使用早有渊源。

三国时期，货币流通情况是很不一样的，其原因在于魏、蜀、吴三国的社会形态和经济基础不同，但是三个国家基本上都使用过形同汉制的五铢钱。后来在成汉国汉兴年间，四川成汉李寿铸造了"汉兴钱"，这也是我国最早的年号钱。

南北朝的货币经济相较魏晋时略有恢复和发展，但是社会依然处于动荡战乱的时期。刘宋、萧齐、梁、陈、北魏、东魏等国家均使用自铸钱币，出现了钱币的非统一和持续混乱的局面。但是这个时期，金银的使用广泛起来，形制上又多了"银铤"和"金铤"，白银成为主要钱币。

（三）隋唐五代十国的钱币

隋唐初期，国家统一、政局稳定，社会经济得到高度繁荣和发展，这些有利条件促进了钱币多样化的发展，特别是在唐中期，我国商品经济发展进入了第二个高峰期，并且以前所未有的形势冲击着、影响着社会生活的各个方面，其中包括了钱币。特别值得一提的是 621 年，唐高祖李渊改革货币制度，废止轻重不一的历代古钱币，根据"开辟新纪元"之意，铸造发行了"开元通宝"钱，钱文为大书法家欧阳询所写。从此，指示重量的五铢钱开始淡出历史，以纪年为标志的元宝、通宝开始展示我国的货币文化，这也是我国货币自秦王嬴政统一货币后的第二次货币改革。"开元通宝"的铸造，具有划时代的意义，它是我国最早的通宝钱。通宝一直流行了一千三百年多年，并且沿用到辛亥革命后的"民国通宝"。

中国古代金融与商业

（四）两宋、辽、西夏、金、元的钱币

　　宋初商品经济的日趋发展、交换的日益频繁使得货币需求量迅速增长，而且货币在这一时期以高度的艺术和丰富的数量，把我国钱币文化推向了一个新的高峰。两宋皇帝共改了五十五次年号，铸造了六种非年号钱和四十五种年号钱，书法娟秀，铸造工艺十分精良。其中，南宋以铁钱为主，北宋以铜钱为主。这一时期，北宋在四川创印了纸币"交子"，其名称可能来源于当时的四川方言，有取钱给存户、交付存根和收据的意思。其产生的原因是铁钱的流通不便和铸钱的铜料紧缺。政府为了纸币流通的顺畅也制定了相应的钞法。早期的四川交子是老百姓的存钱收据，他们把钱存入商人铺户的时候，铺户就会开出存钱收据作为取钱的证明。在交子上写上编号，再根据钱数填写上金额，再在正、反面"朱墨间错"地盖上发行人和店号的印章，并设暗记花押。因为它代表了铁钱的价值，可以兑现，又便于携带，所以受到百姓的欢迎。交子应用到流通中，渐渐取代了金属货币，开始执行货币流通的职能。"交子"的发行，开始是自发的，后由十六家富商联合起来，建立"交子铺"发行，后来因为这些富商从中渔利，交子发生兑换困难的情况，政府就将其转为官府经营，专门设立了"益州交子务"，专门管理交子的印制、流通等事务。在宋仁宗天圣二年（1024 年）第一届"官交子"正式发行，这是中国政府发行纸币的开始。官方的交子以政治力量为盾牌，规定发行的范围，分成固定的几等面值，铜版印刷，图案十分精美。开始时规定发行纸币必须准备"钞本"，也叫做"发行准备金"。三年为一个发行的期限，每期限定发行的数量，到期时以旧换新。后来，纸币的地位上升到前所未有的高度，代替了铜币、铁钱，成为主要的货币形式，铁钱铜币就退到了辅助货币的位置上了。北宋"交子"地位非常重要，不但是我国最早的纸币，也是世界上最早的纸币。它的出现，是我国古代钱币史上由金属货币向纸币的一次重要演变历程，也是我国古代货币的第三次改革，证明了我国钱

币发展的先进性和历史悠久性。尽管在两宋时期纸币的发行体制渐趋完善，但真正把它推向高潮的时期却是在元朝。元世祖忽必烈入主中原之后，大力实行钞法，坚决维护所发行纸币的信用，禁止铜钱、金、银的流通，规定纸币由中央政府专门发行，不许把纸币兑换成金银，建立了平准库，并且存储大量金银作为发行纸币的准备金。元代制定的钞法成为世界上最早的纸币流通法律，更为重要的是实现了纸币的全面流通。这些事件让后世十分惊叹，以至于马可·波罗来到中国时，看到纸币竟能买到各种各样的商品，不得不惊叹地说："盖大汉国中，商人所至之处，用此纸币以给费用，以购货物，以取其货之售价，竟与纯金无别。"这也是中国人值得骄傲的地方。

当然元代并不是单纯地使用纸币，也有金银和铜钱。银锭是比较常见的，在此时被称为"元宝"，但是与国号并无关系。元朝所铸货币很少，只有在武宗至大年间和顺帝至正年间初期比较多，主要有蒙文和汉文两种，钱文秀丽、道劲，如"至正通宝"和"至大通宝"。元代纸币是主要的流通钱币，主要发行了"至正中统交钞""至元通行宝钞""中统元宝交钞"和"至大银钞"。元纸币实物现在也有所发现，比较珍贵的如湖南华容县元墓和宁夏拜寺口双塔刹室中的"中统元宝交钞叁佰文、伍佰文"，发现在呼和浩特市一座白塔的积尘之中的"中统元宝交钞壹拾文"，这些就是目前所知道的存世最早的实物纸币。这一切都深刻地表明元代是我国古代纸币流通最繁盛的时期。

（五）明清时期的钱币

时至明代，商品经济继续发展，货币的供应量也不断增加，所以明王朝就一直在大力推行以纸钞为主、钱币为辅的货币政策。万历九年，实行"一条鞭法"更加速了这一制度的推行，而且自始至终都是由中央政府印制和组织发行的，在这些条件下纸币获得了前所未有的高度统一性和流通性。制定钞法，发行"大明通行宝钞"，设立了"宝钞提举司"，钱币面额分为六等：一百文、二百文、三百文、四百文、五百文、一贯。后来又增设了从十文到五十文的五等小面额法钞。但明代纸币的发行也存在不足，政府不设立准备金，使用不分界，不定发行限额，不分地区，不兑现，不限时间，使纸币的发行成为一种搜刮百姓财物的手段。因此虽有严刑峻法，宝钞仍不断贬值，民众不愿用钞，民间私以金银铜钱相交易。明代中叶，政府不得不解除银禁，白银成为流通领域的主要货币，"纹银"的名称就产生在这个时代。此外明朝铸钱不多，所铸钱币都属铜钱，一律称通宝，而且主要用于国际交往。如：给外国使臣的赏赐，郑和带往国外的赠品等。主要的钱币有洪武通宝、永乐通宝、宣德通宝、嘉靖通宝、隆庆通宝等，这些钱币品种版别比较简单，到天启、崇祯两朝却日渐复杂起来，但总体上看，铸额较小，但仍不乏罕见之品。

清代制币"用银为本，用钱为末"，政府财政收支严格按照这个规定，而且规定市场贸易中大额用银，小额用钱。当然清初也存在一些问题，如各地白银没有统一的形式，成色各异，名目繁多等。在经过康、雍、乾长时间的发展后，商品经济才得到了进一步的发展，通过产业结构的调整逐渐打破了封建经济束缚。此时对外贸易量增加，国际商品交易范围扩大，保持了社会经济的持续上升势头，这样就产生了与经济发展相适应的钱币。所以，清朝在货币制度上处在承上启下的阶段。清朝统治者对纸币的发行长期保持谨慎态度，根据前几个朝代发行纸币失败的教训，清政府曾经三次发行纸币，但是流通时间都不长。第一次发行的纸币是顺治年间的，被称为顺治钞贯，那时清军入关，军费开支很大，而且遭遇到了各地激烈的反清斗争，税收又十分不稳定，因此在顺治八年（1651年）发行了纸币。可能是吸取明代纸币形制的教训，面额大的纸币废弃不用，只发行了小额的纸币。十文到一贯的纸币，总量不大，限额发行了十年，流通时间也不长。让人不解的是顺治钞贯时代距今并不遥远，但是始终没有发现印制纸币的钞版，也未见此种纸币的实物。在此后二百年左右中央政府始终没有发行纸币。到了咸丰年间，由于清政府对外赔款和鸦片战争的失利，也由于外国侵略势力的入侵和对内镇压太平天国的需要，造成了清政府财政上的入不敷出。为了摆脱这些困境，清政府除了铸造大钱外，又在咸丰三年（1853年）五月开始发行"户部官票"。第三次发行纸币是在光绪年间，在各方面呼吁

"整顿币制"的推动下，在救亡图存，维新变法的大背景下，清朝政府成立了大清户部银行作为国家银行，并于1905年正式开业（第二年更名为大清银行），发行银元票、银两票（票上印有李鸿章像）、钱票三种钱币。到宣统三年（1911年）大清银行才结束。与此同时，地方的官银钱号也发行了各种各样的地方纸币，这类纸币是地方政府为了解决本地财政开支困难、扩充自己的势力而强制推行的。中国古代纸币从北宋四川交子产生至清代末期，经历近九百年。由宋、金时代的产生，元、明时代的发展，到清代的灭亡，走过了一段不凡的历程。当然，中国古代纸币有其先天的不足，一是它是由政府发行的，以高度集中的政权力量为依靠，故其发行不是为适应社会流通的需要，而是以解决政府的财政需要为目的。二是产生于封建时代的纸币，缺少坚实的社会物质基础。因此，它的发展历程就是断断续续，盛衰更替的。但是作为一种历史性的货币，它展现的是中华钱币文化中最灿烂的一页，它是中国货币史中不可分割的重要组成部分。

清代白银是主要的流通钱币。特别是到了后期，白银经过长期积累，其数量已经能与社会经济发展相符合，而且清政府很重视钱法，铸造钱币成为经常性的制度，形成了银钱平行的货币体制。钱和银之间也有比价，小额用钱，大额用银，但是白银的地位更为重要。值得一提的是，清朝是宋朝后又一个钱币铸造高峰期，不仅种类繁杂，而且铸造量很大。清朝的钱币以皇帝的年号命名，从清世祖算起，十个皇帝共用过十一个年号，其中穆宗的年号开始用祺祥，后来改为同治。共铸有顺治通宝、康熙通宝、雍正通宝、乾隆通宝、嘉庆通宝、道光通宝、咸丰通宝和咸丰大钱、祺祥通宝重宝、同治通宝重宝、光绪通宝重宝、宣统通宝等等。称作通宝的多数为小平钱，称作重宝的多数是当五、当十钱。清代各朝钱币中咸丰钱是最为复杂的，咸丰时期为了解决财政危机，应付太平天国起义，除了大量发行纸币外，还发行了铸币。这些面额不同的铸币说明清钱种类繁多。清钱在钱币背面还铸有铸钱局的局名，钱背纪局文字一般是用满文，也有用汉文的，这些名字也证实了清朝钱币的复杂。此时，国外银元也大量流入，渐渐在商品买卖比较发达的东南沿海地区广泛流通，铜钱的使用

中国古代金融与商业

受到进一步的冲击。方孔圆钱成本又不断上涨，本身制作效率又低，致使各地方钱局大多不按任务数额铸造，这就造成了方孔钱数量的急剧减少。为此在光绪二十六年（1900 年）广东省率先生产了机制铜元，制作精良，效率大幅度提高，不久各省便纷纷仿效铸造，由于机制银元、铜元的生产有利可图，再加上各地官银行、钱庄、银钱局、票号等又大量发行各种各样的兑换券，严重冲击着方孔圆钱。至"福建通宝""民国通宝"后，方孔圆钱再也无法继续流通，终于导致停止铸造。时至清末民初，流通了两千多年的方孔圆钱终于使用到了尽头。方孔圆钱在其最初流通的两百年间，采用模型铸造货币，沿袭了两千年以来的传统。到了光绪二十六年（1900 年），两广总督张之洞从英国购置了铸造货币的机器，并吸收了西方国家铸造钱币的先进技术，在广州筹建造币厂，开始了机器制币，铸造新式的铜元和铜钱，实施了中国历史上货币的第四次重大改革。流通了两千多年的方孔圆钱终于在清末民初退出了流通领域，成功地完成了它的历史使命。

古代钱币

9

二、我国古代钱币的特点

(一) 形式多种多样，内涵丰富

可以说我国古代的钱币是形态各异的，有贝形、刀形、铲形、方孔圆形等。在多种多样的古代钱币中，以形制为圆形方孔的钱币使用和流通的时间最长。

从秦王朝废除春秋战国各诸侯国的钱币，统一为内方外圆的"半两钱"开始，直到清朝末期"宣统通宝"，乃至"民国通宝"为止，共流通了两千一百多年。可以说无愧于历史悠久、形式多样的美名。此外，我国钱币还有图案精美的特点，作为装饰艺术之一，具有鲜明的装饰性和写真性。各个时代的钱币装饰图案和字体都有所不同，它们像一面镜子，反映着社会生活的一个侧面，显现出人们的主观愿望和浓郁的社会生活气息。比如，古钱之所以多以"圆"的形制出现而且得到广泛采用，是因为自古以来人们认为"圆"有团圆吉祥、美满之意。

(二) 以铜为主要的铸造材料，兼用其他材料

我国古代货币的制作材料，自始至终都是以铜为主的，但是在其中也掺杂了锡、镍、铅、锌等很多种金属材料，因此就形成了成色不一的白铜、黄铜、青铜等多种多样的货币。当然，在历史上也存在纯粹的铅钱、铁钱等钱币。但无论如何都与西方钱币有很大区别，西方钱币的制作材料以白银为主。造成这种差别的原因是多种多样的。

以我国为中心的东方钱币系统，早期的材料都选用铅、锡、铜、铁等普通的金属，当然也有少部分采用白银、黄金等贵金属，但这些贵金属大都是政府作大额支付之用，或贵戚、王公、大臣用作赏赐之物，不当做普通的流通货币

中国古代金融与商业

来使用。即使部分地区或国家采用贵金属铸造钱币，其流通的时间也不会太长久。古代西方地区或国家情况与此大不同，大多是采用白银、黄金等贵金属材料来铸造钱币，即使是在近现代，也仍然采用贵金属铸造流通货币，充当商业贸易和交换的中介。19 世纪以后，黄金、白银等贵金属才渐渐退出了流通货币的领域。

（三）注重文字，具有很高的艺术价值

我国古代的钱币是很重视文字的，几乎所有的朝代都在钱币的表面铸造出文字即钱文，钱文强调书法，本身就是一部从先秦到晚清时期的有系统的中国文字发展史和书法史。钱文的字体采用汉字为主体，篆书、隶书、楷书、草书、行书，五体兼备。除了上述五种字体外还包含金文、甲骨文。其笔势有转、折、虚、实、顿、挫、提、按之分，笔画也有横、竖、撇、捺、点、钩、弯、折的区别。在方圆不到径寸的狭窄之地，努力追求书法的对称美，正因如此，汉字的书法艺术被表现得惟妙惟肖、淋漓尽致。而东南亚等国家的方孔圆钱，也基本上采用中国的汉字，其运笔力度、文字的布局结构大致相似，而且间架结构、书法风格几乎都出自一辙。总之，钱币上铸有文字是我国文化发达的具体反映，是我国钱币文化的特有现象。在钱币上的钱文排列布局非常符合中国文字框式的装饰性质，给人以周正、平衡的感觉。钱文大体呈四字或两字对称，均是以正方形的孔内等边线为准则铸造书写，无论对读或旋读，都很稳定、规范，而钱币的圆边，又呈现出统一和流动，可以说是柔中有刚、静中有动。

在长期使用钱币的过程中形成了中国独特的钱币文化。中国钱币文化，形式多样、内容广泛、底蕴深厚，是值得很好挖掘的奥妙无穷的宝库，因此，应当予以足够的重视和很好的利用。以历史古钱币为内容的中国钱币文化，不仅反映出各个时期的经济状况、政治状况及铸造技术进程，而且以钱文为主的古钱币，还反映出书法艺术和中国文字的发展状况。书法艺术美体现在以会意、象形为本源的汉字上，曲直适宜，姿

态万千，线体自如，纵横合度，疏密调和，布局丰满，抽象概括，灵活自由，是欣赏艺术的绝佳载体。中国货币，独树一帜，注重文字，钱文除了部分由书法艺术水平较高的皇帝亲自书写外，大部分是出自书法名家之手的。其书法风格不一，绚丽多彩，千姿百态。如秦、汉五铢、半两等小篆钱文，自然雅拙，齐整匀圆，豪放粗犷；南北朝钱币上的篆体，书法多姿多态，其中北周布泉等币文"玉筋篆"，文字庄重流丽，运笔浑厚有力，篆法宛圆流畅；唐代开元通宝币文隶书，字体刚劲峻拔，结构开朗爽健，笔画严谨清秀；南唐开元通宝有隶篆两体，字体规范，精熟奇绝，刚中带柔，线条匀细；宋代钱币文字特点是书体丰富，隶、篆、行、草都有，皇宋通宝"九叠篆"，层层叠叠，弯弯曲曲，十分罕见，其中徽宗御书钱文"瘦金书"，遒劲有力，纤细挺秀，铁画银钩，令人赏心悦目；金朝"玉筋体"泰和重宝、元代楷体至正通宝钱文，玉润可爱，结构妥帖，古朴稳重，疏密适中。所有这些钱文，既是钱币形美意远的典范，又是具有结构对称美的汉字书法艺术的精品。方孔钱虽始于秦，但其标准式样却始于西汉上林三官钱、元狩五铢及唐开元通宝。方圆造型，内方外圆，井井有条，端庄典雅，规范整齐，古朴端正，上下匀称，逶迤交错，左右和谐，气势雄浑。在结构对称中，有一种两枚文字相同而书体不同的对钱，有篆行成对，有篆楷成对，也有草篆成对等。制作对钱，需要了解形制大小、币材成分以及我国古代币文的书法艺术，既可受到古代书法艺术的熏陶，又可增长历史知识。中国特有的方块文字，随着中华民族的繁衍生息而发展。现今造诣较深的书法家、文字学家无不考究汉字的发展源流，有心的学者无不从出土汉玉、先民们最早的记事符号、摩崖石刻、甲骨文到钟鼎文，以至历代的书、帖、碑、画作品等文化遗产中汲取营养。而古代钱币历时三千余年仍绵延不断，不但反映了历代封建王朝的兴衰更迭及经济、政治、文化状况，更充分反映了书法艺术的源流、汉字的沿革脉络和美学思想的发展，是书法艺术和汉文字的一份珍贵的遗产。在世界钱币史上，中国古钱币具有独特的魅力。

古代钱币曾使用多种书体的汉字纪重、纪地、标年号等。其字体可细分为篆书（大篆、小篆、九折篆）、隶书（秦泉、汉策）、楷书（古称今隶，今又称真书或正书）、行书（又称稿书，分行楷、行草）、草书（分章草、今草）等。就历代古钱币的文字书法而言，大多出自著名书法家，其风格或古朴，或雄浑，或典雅，或苍劲峻毅，或洒脱，不一而足。纵观我国历代各种形制的钱币，其独特的书法艺术就像一整套特殊的"书法大成"，记载了中华民族辉煌灿烂的文化。秦始皇统一中国后，统一了"度"，这也显示了与西方钱币的区别，西方钱币不注重文字，而注重事物和人物的图案。以中国为首的东方钱币文化体系，古钱的正反面以文字为主，与西方古钱的正反面以图案为主截然不同，当然与西方钱币文化也就迥然不同了。西方钱币以神像、图案为主题，表现了西方神圣的宗教图腾和崇拜风尚。

古代钱币

三、钱币的衡制和铸造方法

中国钱币的衡制，早期是以称量为单位的。在春秋战国时期的钱币上，有一种从纺轮演变而来的方孔圆形钱币，如"益四化"和"益化"等。这里的"化"就是古代钱币的计量单位。此外，还有一种内外都是圆形的圆钱，如"离石""共""蔺""济阴"等，后者方孔有郭，前者周缘无郭，计量单位均为"金"。圆钱为圆孔无郭，以"两铢"为货币单位，如"重一两十二铢"和"重一两十四铢"，后来发展成为方孔有郭的，再后来成为方孔有郭的秦代"半两"钱。以唐代"开元通宝"为标准，即小平钱的直径在 2.5 厘米左右，重量大约在 4 克左右。中国这种钱币衡制对周边国家影响也很大，如日本铸造的"和同开珍"钱直径在 2.5 厘米左右，后期虽然重量减轻，直径变小，但总的规格控制在这个标准中间，尤其是"宽永通宝"钱的外径和重量，与中国唐宋钱币的规格相近。越南"太平兴宝"钱，一般重量在 2.2 克左右，厚度约 1 毫米，直径在 2.35 厘米左右，要比中国同期制造的北宋小平钱轻一些。

日本自制造"皇朝十二钱"以后，再无政府铸造钱币，整个中世纪流通的钱币都是以中国的铜钱为主，并作为贸易的流通使用。为了补充日本铜钱数量的严重不足，13 世纪末期，地方富商开始仿照中国钱币铸钱。根据日本考古学家研究，1995 年在东京出土的一件内有 12—14 枚铜钱模型的钱范，被确认为中国元符、元丰、绍圣、政和四个年代的钱币，共有 7 种铸型，其铸造的方法为"连铸法"。此后，还曾多次在日本各地（大阪等地）发掘出铸钱的钱范以及铸钱的遗址。日本铸钱基本上以仿照中国唐代、北宋钱币为主，钱范基本采用"烧型"，即陶范。中国从六朝后期开始使用砂型铸造法生产钱币，而日本一直到 1636 年"宽永通宝"钱的制造，才开始采用砂型铸造法。可以看出我国铸造钱币的悠久历史和先进技术。

古钱币是金属制成品，铸造方法要求很严格。中国的方孔圆钱在早期就采用了"一模多个"的铸造方法，不但成品产量极高，而且质量稳定。从唐朝后期开始，钱币铸造采用先进的翻砂法，即钱币先制成样钱，然后在砂模中形成模型，再将熔化的金属（大都为铁、铜等）液体，浇灌入型腔之内，待冷却以后取出，再将外圆锉光，就完成了。铸造钱币的模型钱币称为钱模，也称"钱范"。钱范从陶范、铜范、石范、铁范和泥范，过渡到采用砂型铸造钱币的方法，可谓意义重大，这种方法被东南亚各国的人民普遍采用。而西方铸造钱币始终采用打压法，早期用锤子敲打模型，后来采用简易螺旋压力机压制模型，直到工业革命以后，才利用电动压力机械，大批制造硬币。同中国钱币的制造一样，东南亚各国的钱币制造亦经历手工到机械、低级到高级、简单到复杂的不同阶段。我们可以看到，各国早期的钱币大都简陋不堪，存在钱币重量不统一、钱币直径误差大、钱币文字不规整等诸多问题。在古代中国与东南亚其他国家的相互交往过程中，中国的钱币能够成为"准国际通货"而通用于东南亚各个国家，可见其铸造工艺的先进。这些地区和国家除了自铸钱币外，还完全仿照中国钱币的样式，进行了大量的铸造，并用到了对外贸易支付中。比如朝鲜也曾经仿铸过许多的唐宋钱；日本曾经仿铸过中国唐朝的"乾元通宝""开元通宝"等 36 种年号钱；琉球仿照中国钱币的式样有 4 种；越南在历史上仿铸的中国钱多达 78 种，人类的文明总是相互交融、相互影响、相互促进的，文化交流的结果，促进了落后的地区和国家向前发展。7—14 世纪，是以中国为中心的东亚文化成熟的时期，中国文化向周边地区的国家辐射，从近邻的日本、朝鲜，远至北非、西非等地区无不受到中国强大的文化冲击波的影响。古代中国钱币文化对东南亚及世界各国钱币的发展起到了不可低估的作用，在三千年的漫长岁月里，扮演了极为重要的角色。

四、主要农民政权所用钱币

(一) 现在可知的最早的农民政权钱币

可知最早的农民政权钱币是北宋时期的"应运通宝"和"应运元宝"。北宋初期生产发力得到发展，经济十分繁荣，与此同时统治阶级对手工业者、农民

和商贩的剥削也比以前更加残酷，特别是在有"天府之国"美誉的四川地区，北宋政府垄断了布、茶贸易，严重损害了小工商者的利益，于是在公元 993 年春天，四川青城的茶贩李顺和王一波发动起义，提出了"均贫富"的口号。他们建立了政权，并且铸造了铁质和铜质的钱币。这就是现在我们所知道的最早的农民政权所铸造的第一批古代钱币，也就是"应运通宝"和"应运元宝"。这些钱币在我国钱币史上有着重要的地位，是我国农民政权历史的重要见证，意义重大。

(二) 元末农民政权的货币

众所周知，元代末年社会矛盾极为尖锐。江淮等地先后爆发了徐寿辉、郭子兴等人领导的农民起义，这些起义沉重地打击了元朝统治者。与以往不同的是起义军在与元朝统治者进行军事斗争的同时，还在经济上进行激烈的斗争，遗留下来的许多起义军的钱币有力地证明了这一点。这些农民政权的钱币的共同特点就是铸造得极为精美，钱体厚重、铜质优良，书法艺术极高，它们的确是一些优质的钱币。在元朝以纸币为主要流通手段的情况下，起义军的这些优质的钱币，在流通中肯定是会受到欢迎的。也正因如此，才能在经济斗争中起到压倒对方的作用，有利于战争的顺利进行。

1. 宋国钱币——龙凤通宝

元至正十五年（1355年）刘福通迎立韩林儿，建国号龙凤。韩宋政权铸有"龙凤通宝"铜钱，分为折三、小平、折二这三个等级。钱币上的楷书字体端庄，钱体厚重，铜质精良。清代张端木就曾称赞它"字文遒美，铜质如金"。

2. 天完国钱币——太平通宝、天启通宝、天定通宝

元至正十一年徐寿辉以蕲水为都城，建国号为天元，建元天启、太平、天定、治平等年号，曾经铸造过"天启通宝""太平通宝""天定通宝"三种钱币。这三种钱币都是铜钱而且钱文都是用楷书书写的。

3. 吴国公钱币——大中通宝

元代至正十六年（1356年）朱元璋攻下集庆路后，改集庆路为应天府，自称吴国公。至正二十一年，朱元璋在应天府铸造了大中通宝钱。朱文璋击败陈友谅后又颁布了大中通宝五等钱式铸钱。由龙凤七年到反元斗争胜利期间所铸大中通宝钱，为吴国公钱。属于此期农民起义军的钱币共有五种，而且背面都没有钱文。明朝建立后仍然在铸造大中通宝，但是背面已经加铸"北平"和"福"等地名，当然不属于农民起义的钱币。但是以往的研究者，对这种区别多未注意，或将有背文者称为农民起义军钱币；或将无背文者归诸明太祖，脱离了反元斗争的历史背景，都是欠妥的。

（三）明末农民政权的钱币

明末清初的文人吴伟业《绥寇纪略》就曾提到李自成铸钱的情况，从中可知当时铸钱的目的是平物价，以应对当时物价飞涨的情况。可以分为两个农民政权来研究这一时期的钱币。

1. 大顺国钱币——永昌通宝

李自成攻破西安，建国号大元，称大顺王，建元永昌。其所铸钱币为"永昌通宝"，现在所见的永昌通宝钱分为两等。钱币上写楷书，铜制的，背面没有文字。这些钱币在稳定经济方面起到了一定的作用。

2. 大西国钱币——大顺通宝、西

王赏功钱

明代崇祯十六年（1643 年）五月，张献忠攻占武昌，称大西王。次年，攻下成都。后定国号为大西，建元大顺，铸有"大顺通宝"及"西王赏功钱"。大顺通宝铜钱分为背文有"工""户""川户"及无文字四种。都是铜钱，楷书。西王赏功钱，以"西王赏功"为文，是一种目的在于奖励有功者而铸造的钱形奖章，不是流通的钱币。大钱有金、银、铜三种。面文楷书，背无文。

（四）太平天国及当时其他农民政权所铸钱币

1. 太平天国钱币

太平天国坚持时间长，地区广阔，影响深远，曾经铸造钱币。太平天国的钱币种类很多，根据钱文书体可以分为三类：楷书字钱类、宋体字钱类、隐起文钱类。除太平天国外，还有小刀会、广西大成国遵义号军等都铸有钱币。

2. 金钱会的钱币

清代咸丰八年（1858 年），浙江省平阳县钱仓镇人赵起、周荣等人成立金钱会。后起事，活动于浙江、福建一带。曾铸钱，称金钱义记会签。金钱义记钱，大小两种，面文相同，背文有数种，都是铜钱。

3. 大成国钱币

清代咸丰四年（1854 年），广东天地会何禄、李文茂、陈显良等分别起事，后转移于广西。后来建立了大成国，即以浔州为首都，改称秀京，建元洪德。所铸钱有平靖通宝钱及平靖胜宝钱两种。这两种钱币都是铜钱。

五、古代钱币的钱文读法

(一) 历朝历代钱文读法

古钱币按性质来划分，有记号钱、记重钱、镇库钱、年号钱、记值钱、国号钱、纪年钱、纪数钱、厌胜钱、样钱、庙宇钱、撒帐钱、罗汉钱、祖钱、对钱、母钱、开炉钱等等，这些名称一般注重实用的性质，其名目之繁多，简直是不胜枚举。因为功用的不同，所以不同时期的钱币的上钱文读法也不尽相同。

在唐朝以前，从春秋战国至秦汉，钱文的读法基本上依照汉字书写习惯，由右向左读，如"五铢""半两"等，也有一些特殊的读法，比如从左至右、顺时针或逆时针旋转读。在这种情况下双字钱文一般不容易误读。最容易读错的是多字钱文圆钱，大多依圆随形，按顺时针方向旋读。如"珠重一两·十二"等。

唐以后各朝多以"元宝""通宝"作宝文，旋读、顺读并行，形成一定的结构。明以后建立了专门以"通宝"为宝文、顺读的固定结构，其间的演化过程容易造成误读，如受唐"乾元重宝"的影响而将宋的"乾道元宝"误读为"乾元道宝"等等。只要掌握了各代钱文规律，即可避免这种错误。下面介绍几种主要的钱文读法。

旋读：按上右下左顺时针方向旋读，宋钱中较多，元以后绝迹。如"大泉当千""大夏真兴""天福元宝""淳化元宝"等。

顺读：按上下右左、先纵后横的顺序读，始见于新莽的"六泉"，至元明清占绝对优势，遂成定型，如"小泉值一"和"咸丰通宝"等比比皆是。

右起先横后纵读：按右左上下顺序读，如"永安一百"和"太平天国"等。

先纵后左横读：按上下左右顺序读，极为少见，

有"乾亨重宝",且"重宝"两字为篆形,是汉以后所仅见。

左起先横后纵读:按左右上下读,仅见"永安一十"孤例。

此外,新莽时期所铸仿古布币十品的钱文是以上下两横列为序,先上列后下列由右向左读,如"么布一百"至"次布九百"和"大布黄千"等,是比较特殊的读法。

这里我们主要介绍了四字钱文的主要读法,其他字数的钱文在这里就不做介绍了。

(二) 少数民族主要钱币的钱文读法

我国是一个多民族的统一国家,而且在各民族中有文字的很多。但是在古代钱币的钱文中反映出来的并不多,就现在我们所掌握的资料来看主要有以下几种:

1. 满文钱币

明代万历二十七年,噶盖、额尔德尼奉清太祖努尔哈赤的命令,在蒙古文字的基础上创制了满族文字,后来在清太宗时期(1632年),经过达海改进,增加了圈点。于是就称改进以前的文字为"老满文",改进以后的为"有圈点的满文"。满文钱的读法是左起先横后纵读,一般以左右上下为序,与满文自左及右读的习惯是一致的。例如满族的"天命汗之钱"。

2. 契丹文钱

辽代契丹族是一个历史悠久的民族,他们仿照汉字创造了契丹文字,他们的字可以分为大小两种。大字创造在辽太祖时期(920年),后来创造了契丹新字被称为"契丹小字",一直沿用到金代初年。章宗明昌二年(1191年)下令停止使用,渐渐就废弃了。通行的钱币中未见契丹文字,非通行的有两种:一种需要旋读,根据陈述的解释,有一种钱币应该上右下左旋读为"福寿太平";另外一种钱币应该先纵后左起横读,根据刘风翥先生的解释读为"大银钱"。

中国古代金融与商业

3. 西夏文钱

我国古代羌、党项语言的文字被称为"西夏文"。为1036—1038年间野利仁荣等创造,共六千多字。他们的字有很多造字方法,笔画十分繁多,与汉字同时流行。虽然后来西夏亡国,但其文字在元代中期还流行,可见其影响十分巨大。同时,这种影响深刻地反映在钱币上,西夏文钱所见大约五种,其钱文根据考证通常为旋读。只有福圣承道年间所铸造的西夏文钱,读法不同于其他西夏文钱。这种钱币改为从右起读为"福圣宝钱",可与福圣承道年号相符,研究者称这种钱币为圣字"升书",意思是圣字书写在首位。因为此种读法只有这一个孤例,所以术语称为"升书"。

4. 八思巴字钱

八思巴是元代的官员,他奉元世祖的命令制定了拼音文字,称为"八思巴字",这种文字脱胎于藏文字母。至元六年(1269年)作为国字正式颁行使用,主要用于官方文书,后渐渐废弃。八思巴文钱的读法是顺读,与四字汉钱文读法相同。有"元贞通宝"和"至元通宝"。

六、纪念和宗教用币介绍

洗儿钱：祝贺人生育子女的赠钱。

厌胜钱：也称为压胜钱，是一种具有避凶取吉含义的钱币，钱上有符咒、吉语、动物、人物、花草林木各种图案花纹，相当于一种护身符。厌胜钱自唐宋以后内容和门类大大丰富。譬如吉语钱，起始于西汉半两钱时代，后来成为压胜钱的一个重要门类。吉语钱所用的吉祥词语，随着时代的发展，多有变化，反映了不同时代的民俗风情，如宋辽时期的家国平安图、千秋万岁图、龟鹤齐寿图，明清以后的五谷丰登图、状元及第图、五子登科图等等。有些吉语钱，在不同时代都铸造过，延续的时间很长，也有后人仿铸的，所以压胜钱的断代，在某种程度上，比之年号钱要多一层困难。

庙宇钱：是压胜钱的一种。法门寺地宫出土的开元通宝钱可能是专门制作的庙宇钱，那已是唐朝的事情。五代时期的后周曾铸有非常精美的庙宇钱，背面加铸佛像，正面仿普通周元通宝钱铸造，就其精制的程度而言，应该是官炉所铸。五台山出土的宋淳化元宝金钱图，则是后周庙宇钱的继承。到了元代，庙宇钱成为非常普遍的现象，其性质和用途也发生了改变。早期庙宇钱主要使用于重大的佛事活动，后来变为庙宇财富的一种象征，到元朝庙宇钱数量亦多，种类繁杂，制作趋于粗糙，大多数充当了地方性流通货币的职能。

冥钱：也是压胜钱的主要品种。人死以后，要有殉葬钱，这是中国古老的传统，可以上溯到实物货币海贝。冥钱开始是用真钱下葬，后来有了专门为殉葬而制造的冥钱，这种习俗在中国历史上一直没有中断过。

打马格钱：它是以名称和名马图案为主要内容的一种娱乐钱。马钱上出现的马，几乎包括所有的历史名骥，如秦始皇七名马，周穆王八骏，唐太宗六骏等等。

信钱：明清以后民间结社组织特制的一种信物，如白莲教的教会钱、义和

中国古代金融与商业

团的拳钱等，它们相当于"会员证"，可以系在腰间，也可以随身携带，能作为一种身份的凭证，同时，它又寄予了一种信仰，是保佑平安的心愿的一种寄托。咒语钱、符咒钱，是宗教组织特制的一种护身符，据说可以驱散鬼神、免除灾难。民间传说故事钱，多以图为主，也有图文并备的，如生肖故事钱、竹林七贤钱等等图，应是作为工艺品的赏玩钱。此外，店铺、钱庄使用的钱幌子等等，也可以视为压胜钱的一种。

各个时期仿制的古钱，如元后铸、宋仿、清代乾嘉时期仿铸等等，这些不同朝代的仿造品，包括古董商伪造的假钱，代表了不同地区、不同时期民间仿制的特点。当然，其中也有一些技术很先进，仿造程度很高的作品，它们形成了一个独特的系列，对于古钱的鉴定、钱币学研究是一种反面教材，从这种意义上来说，也可以把它们作为一个专门的类别加以研究和收藏。纽约的美国钱币学会收藏了大量的中国古钱，其中多数是由20世纪30—40年代的收藏家捐赠的，这些古钱几乎是被完整地保留下来的，其中也包括了一些清乾嘉至民国时期的赝品，这在国内已经是不易见到的了。

压胜钱的制作，工艺水平良莠不等、参差不齐，其中民间制作的，多数工艺水平不高，甚至粗制滥造，没有太高的文物价值。而凡是官炉制作的，一般工艺比较精湛，制作比较细致，不乏文物价值较高者。而就时代而言，早期的压胜钱遗存比较少，唐宋时期官炉铸造的，应该是压胜钱的精华。元明以后，压胜钱的民俗文化内容越来越丰富，除少数官炉铸造外，民间的制作也越来越多，形制也不再局限于方孔圆钱。

古代钱币

供养钱： 寺观内用于供品的钱币，一般悬于佛龛之旁或藏于佛像腹中。

佩钱： 广义地说也是一种厌胜钱，作为佩戴之用，一般有人名、吉语、官名及各种花纹等。

撒帐钱： 是在婚礼上分发的赏钱。用于婚娶、节日、亲友间互相馈赠、生育以及宫中庆功赏赐的特殊纪念性钱币统称为吉庆赏钱，区别于一般正式流通的钱币。

雕母： 铸钱前先用牙、铜、铅、锡、木等材料雕成的第一枚钱币样品，又称雕祖、祖钱。

母钱： 一般是由雕母翻铸而成的，翻铸时的作模

之钱。

铁范铜：以铁钱为范型翻铸的铜钱。

铁母：铸铁钱的铜质母钱。

对钱：对品钱。钱文、轮廓、大小、厚薄、铜质等相同，唯独采用不同的书体，但字形笔势仍互相吻合，又称和合钱，始于南唐，盛于两宋。

合背钱：指浇铸时误用两件面范造成正反两面都有相同钱文的钱币。

样钱：初铸及试铸的样板钱。

传形钱：钱文反写，文字地位也随之颠倒的钱币。

挺环钱：铜钱内圈被剪去，只剩下外圈。

剪轮钱：周边被磨去或剪去的钱币。

错范钱：原在左者反在右，原在右者反在左。

七、古代钱币的多样名称

(一) 贝

是夏、商、周三代的主要货币，也称为贝货、贝币。贝类动物行动迟缓，容易捕食，而且贝壳不臭不腐，易于长久保存，且外型美丽，小巧玲珑；此外，生活在内陆地区的先人们以狩猎、采集为生，依靠"渔"得到的贝也因其稀少而更加珍贵——因此贝最终能成为币的首选物。一个人拥有贝的多少，也显示了其富有程度和生存能力。人们认定贝的存在是上天的恩赐。选择贝作为钱币，这是对上天的感恩，也是人们对自然界的物质崇拜。

(二) 刀

也称刀布、刀币，是春秋晚期到战国时期铸造发行的以刀为形的流通钱币。在许慎《说文解字》中注释为："刀，兵也。"刀，是一种兵器。春秋战国时期，诸侯割据，周室式微。为了争夺财富、人口、土地及对其他诸侯国的支配权，各个诸侯不断进行兼并战争。战争需要武器，重兵锐器更是争霸战争中的必胜法宝。兵器成了威力、权势的象征，自然就成为人们的崇拜物，因此取象其形，铸造了流通钱币。齐国首先铸造刀币，赵国燕国也是铸行刀币的重要国家。在先秦诸子的文章中，就有许多关于刀币流通使用的文字记载，可见其影响之大。刀币兴起于战乱频繁的春秋战国时期，流通于当时拥有锐器重兵的赵、燕、齐等诸侯国，充分体现了当时的武力崇拜意识。齐国的刀币体大厚重，制作精良，文字一般三至六字，面文字体工整挺秀，上书"齐法化""即墨之法化"等字。较尖的钱币被称为尖首刀，铸造较精细，刀身多有简单的符号和文字。燕国大量铸行的是明刀，此类刀上都铸有文字，一般被解释为"明"，故曰明刀。有的明刀刀身背部呈折线状，称磬折刀，

磬折刀多制作工艺较差。有的明刀刀身背部呈弧状，称弧背刀或圆折刀。赵国的刀币刀身较直，刀首圆钝，形体轻薄，被称为直刀或圆首刀。此外，还有学者认为，当时中山国和北部少数民族山戎族也曾铸有刀币。

中国古代金融与商业

（三）布

"氓之蚩蚩，抱布贸丝"（《诗经·卫风·氓》），此句中的"布"是春秋战国时期的一种青铜铸币的名称。那时镈是一种重要的生产工具，它的运用，推动了农业的迅速发展，提高了生产力，给以农为生的先民们带来了更多的物质财富。镈被先民们视为生存中足可依赖的圣物，象征了财富。于是用青铜铸造的镈形钱币——"布"就出现了。布币开始铸行大约在西周，在春秋战国时期曾经使用多种形态的布。最早的布币未脱离农具原型，厚重粗糙，其后的布币分为平首布和空首布两大类。空首布相对来说时代较早，大约使用于春秋时期，"空首"是说这种布币的首部"中空"，也就是说上部有一个如铲子般的空穴，可安插木柄。根据布币下部的"足"再来划分，空首布又被分为尖足空首布和弧足空首布两类。弧足空首布的足部向上成弧形，主要流通于河南洛阳一带。尖足空首布两足尖，分为桥足布、方足布、圆足布、尖足布等。桥足布是因两肩上耸，布首长而得名，流行于山西晋国故地。方足布足部呈方形，为赵、魏、韩及周王室、燕等地货币。圆足布特点是圆肩、圆足、圆裆，还有的圆足布上有三个孔，被称为三孔布，圆足布应为战国晚期赵国的货币。尖足布足部呈尖角形，是赵国一带的货币。平首布主要流通于战国时期，随着其货币性质的增强，其仿形性简化了，原"空首"的携带不便，且铸造费工费料，所以改为铸平板状、不中空的"平首"形。平首布因为足间形似拱桥之桥洞状而得名，币面文字大多有重量单位，其肩或平或圆，故又名布，是魏国一带的钱币。此外，属布币类的还有魏国的锐角布和楚国的当布等。有的布币分大小三等或二等。布币上多有铭文，或为记重，或为记地，或为记干支、记数。布币的出现表达了先民对劳动和经验的崇拜。

（四）孔方兄

"孔方兄"的语义来源，可追溯至魏晋时期鲁褒的《钱神论》。晋人鲁褒为人正直，他对统治者的奢侈、贪婪深恶痛绝，其著作《钱神论》对金钱在社会生活中的神奇作用以及权势与金钱相结合所产生的世风日下状况进行了辛辣的讽刺和惟妙惟肖的描述：人们对金钱"亲之如兄，字曰孔方。失之则贫弱，得之则富昌"。从此，"孔方兄"和"孔方"成了钱的代名词。如："秦参政把那许亲的心肠冷了五分，也还不曾决绝，只是因看他'孔方兄'的体面，所以割不断这根膻肠。"（明·西周生《醒世姻缘传》第十八回）

（五）圆

也称圆货、圆钱，是战国时期周及韩、赵、魏、秦等国的一种铸币。圆钱应是仿照古代纺轮而来，初始造型为圆孔圆形，后来秦国将圆孔改为方孔。秦王嬴政统一六国后，废除各种币制，内方外圆的圆钱就成为全国统一的钱币。圆孔圆钱最多见的是被认为是秦国铸的"重一两十四铢"和"重一两十二铢"，魏国的"共"字钱、"垣"字钱，以及战国所封的两个小国"西周"和"东周"钱等。方孔圆钱主要有齐国的四化、六化，秦国的半两钱和燕国的明化钱、明四钱、一化钱等。"圆"的本义指天道、天，人间的财富象征——货币以"圆"为名，表达了对天、对天道的崇拜。同时，圆钱的内方表示周正无缺的地，外圆代表天，外圆内方与古人天圆地方的宇宙观一致，既象征了土地完整无缺，天下统一，又有周正、圆满、和谐、运转无穷的吉祥含义，与中华民族传统的崇拜意识互相吻合。

（六）阿堵物

《晋书·王衍传》有这么一个故事：魏晋玄学清谈家的代表人物、西晋名士王

衍一向不论世事，标榜清高，耻说金钱，喜谈老庄。他的妻子曾经多次设法逗他说"钱"，都没有成功。有一天晚上，妻子趁王衍熟睡时，叫婢女悄悄把一串串的铜钱围绕着床，堆放在地下，想让王衍醒来，无法下床行走。她以为这样一定能够逼得他说出"钱"字来。没想到第二天早晨，王衍见到此情景，就把婢女唤来，指着床前的钱，说："举却阿堵物（拿走这个东西）。""阿堵物"是当时的口语，意思是"这个东西"。由此，"阿堵物"成了"钱"的别称，并且带有讥讽、轻蔑的意味。

（七）泉

钱币的总别称。又有泉金、泉币、泉布、泉刀、泉货之称。泉是先秦古人期盼财富、金钱的来源如泉流一般的朴素情结的假借称谓：一是取"泉"之流遍之意；二来古人企盼财富如潺潺流水，用之不竭、取之不尽。《辞源》中记载："布，泉也。布，读为宣布之布。其藏曰泉，取名于水泉，其流行无不遍。"因"泉"寄寓了人类企盼财富的最真挚、最朴素的感情，所以这个词汇从先秦一直沿用下来，如："青州从事来偏熟，泉布先生老渐悭"（唐·韦庄《江上题所居》）、"梁代乃置租庸使，专管天下泉货"（《旧五代史·卷一百四十九·职官志》）。现在钱币收藏界将其称为"泉界"，古币收藏爱好者称"泉友"。可见其名称来源的久远。

（八）上清童子

上清童子是古钱的隐名。《太平广记》记载，唐朝贞观年间，岑文本在山亭避暑，一天午睡刚醒，忽听见敲门声，开门见到一个自称是"上清童子元宝"的年轻道士来访。岑文本向来喜欢道教，与这位道士高谈阔论直到日暮。道士告辞离去，行至院墙下忽然消失。岑文本命令就地挖掘，掘地三尺发现一古墓，墓中只有一枚古钱，方悟"上清童子"为钱币之名，"元宝"为钱之文。自此，人们便把"上清童子"作为钱的雅号了。

（九）青蚨

青蚨亦称为"鱼伯"，是远古时期的一种神虫。一子一母，孩子出门时，母亲将血抹在孩子身上，不管它飞到哪里都能飞回家，飞回母亲的怀抱。《淮南子·万毕术》"青蚨还钱"记载：这种叫做鱼伯的虫，抓来后，用子虫的血涂满八十一枚硬币，再另取母虫的血涂遍八十一枚硬币，涂完之后，你就可以把涂了母虫血的八十一枚硬币拿去花销，而将涂了子虫血的硬币放在家中，过不久就会惊奇地发现，花掉的钱会很神秘地一个一个地飞回来。这样，人的钱就可以永远花不完。后世称钱为"青蚨"，便是由"青蚨还钱"的典故得来。如："倘有四方明医，善能治疗者，奉谢青蚨十万。"（明·冯梦龙《警世通言》第三十卷）

（十）邓通

将"邓通"作为"钱"的称呼源于西汉时期的一个历史故事。据说，邓通乃是汉文帝刘恒的一个宠臣，初为黄头郎，后官居上大夫，文帝对其赏赐无数。有人给邓通相面，说邓通将来会穷饿而死，汉文帝就赐给邓通蜀都严道铜山，并且破例许其铸钱，他以为这样邓通的钱就一辈子花不完了。但汉文帝一死，政治形势变化，邓通最终还是穷饿而死了。因为邓通所铸之钱遍布当时天下，史称"邓氏钱布天下"，所以"邓通"成为钱的别称也是顺理成章之事了，如："富贵必因奸巧得，功名全仗邓通成。"（《金瓶梅》第三十回）

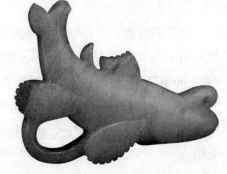

（十一）五铢

铜质币，中有便于穿成串的方孔，每枚重量为五铢，圆形，故称为"五铢钱"。

始铸于汉武帝元狩元年（前 118 年），流通时间较长，直到唐代高祖武德四年才废止。

（十二）契刀

铜质币，形状类似直刃刀，刀柄末端的穿孔是正方形的，居摄二年（7 年）西汉王莽摄政时铸造，每枚值五铢钱文。

（十三）错刀

大小形状与契刀完全相同，仍为王莽铸造，刀上镌有"一刀平五千"五字，"一刀"两字是用黄金镶嵌，故又称"金错刀"，每枚值五铢钱文。

（十四）铁钱

铁质币，始铸于汉代，其后的五代、南北朝、宋代、清代都曾经铸造发行，但因流通不便、体大值小而废止。清代咸丰七年，北京商民就因此而拒绝使用。次年，福建又因钱贱粮贵发生贫民暴动。

（十五）元宝

金质或银质，有秤锤形、马蹄形、两端翘起的小船形和镘头形，镌刻有朝代年号和名称。最早使用这一名称的是唐肃宗乾元元年史思明在洛阳铸造的"顺天元宝"和"得一元宝"。其后有后晋的"天福元宝"，代宗时代的"大历元宝"，南宋的"大宋元宝"，北宋的"淳化元宝"，元代的"中统元宝"，清代的"光绪元宝"等等。各种元宝的重量通常为"两"，两以下称为"锭"，成色各有差别。

（十六） 银元

银质圆形币，俗称"花边钱"或"大洋"，明代万历年间（1573—1620 年）从欧洲传入中国。清代道光年间（1821—1850 年），台湾首先仿制，称作"银饼"。光绪十四年、十五年（1888—1889 年）各省纷纷仿造，但仿形制各有不同。宣统二年（1910 年）朝廷颁布实行了《币制则例》，规定每枚钱币的重量是七钱二分，含银量为九成。民国初期发行的银元，上面铸造有孙中山先生的半身侧面像。袁世凯称帝时铸造发行的银币，也镌刻有他自己的头像，民间称为"袁大头"。

（十七） 通宝

铜质币，仍为方孔圆形，直径一厘米左右。唐高祖武德四年废止五铢钱后铸造发行此币，镌刻有"开元通宝"字样。历代沿袭这一传统，如明代的"永乐通宝"，清代的"康熙通宝"，宋代的"宣和通宝"等等。明末，农民起义张献忠就曾铸造"大顺通宝"，李自成也铸造过"永昌通宝"。

（十八） 铜元

铜质圆形币，无孔，直径 3.5 厘米，又称为"铜板"，清代光绪二十六年（1900 年）铸造，背面为蟠龙纹，正面镌刻有"光绪元宝"字样，每百文换银元 1 枚，每枚可以换方孔钱 10 文，后来因各省滥肆铸造而贬值。宣统年间改铸"大清铜币"作为流通钱币，后废止。

（十九） 银角

银质圆形币，又称"毫洋""毫子""小洋"。清光绪十六年（1890 年）铸造发

行，面额有二角、五角、五分、一角几种，十角等于银元一元，成色八成。

（二十）交子

我国最早的纸币，北宋初期，四川大户商人嫌铁钱流通不便，值小体大，遂印制纸币代替，称之为"交子"，其性质与存款收据相似，可流通，也可兑现。到仁宗天圣元年，由朝廷正式统一印制发行，一交子等于一贯，即一千文。徽宗崇宁四年（1105 年）改称"钱引"，代替贬值的交子。

（二十一）钞引

南宋高宗绍兴元年发行的纸币。最初属于汇票的性质，渐渐在交易中流通而成为货币。

（二十二）银票

南宋以后用来代替银两的纸币，以"贯"或"文"为单位，始于宋高宗七年（1137 年），川陕宣抚使吴口在河池（今甘肃徽省）印制发行，称为"便钱会子"或简称为"会子"，面额只有一钱和半钱两种，四钱折合为一贯。绍兴三十年（1160 年）由政府统一印制发行，面额有一贯、五百文、三百文、二百文、一百文五种。以后还有元代武宗至大二年（1309 年）发行的"至大银钞"和清代咸丰三年（1853 年）发行的"户部官票"等。

（二十三）宝钞

元、明、清发行的纸币。元世祖忽必烈中统元年（1260 年）发行"中统元宝宝钞"，面额有十文到二贯不等。至元二十四年（1287 年）又发行了"至元

中国古代金融与商业

通行宝钞"，面额五文到二贯。明代洪武八年（1375 年）发行的"大明通行宝钞"，流通长达一百年之久。清咸丰三年（1853 年）还发行有"大清宝钞"。

（二十四） 交钞

金、元两朝仿照宋朝印制发行的纸币，又称作"钞引"。小钞面额有一百、二百、三百、五百、七百五种。大钞面额有一贯、二贯、三贯、五贯、十贯几种。

八、古代金银币的使用

（一）古代金银货币的使用

　　白银、黄金因其价值高且外形坚固、美观，材质不易氧化腐蚀，在世界上很早就用来制作贵重的器饰，并且因其可任意分割，价值相对稳定，适于收藏、交换和转让，也很早就用作钱币。在中国，金银用作货币也有着十分久远的历史，《管子》一书中就谈到战国的货币情况："以珠玉为上币，以黄金为中币，以刀布为下币。"在《史记》中也记载着："古者皮币，诸侯以聘享。金有三等，黄金为上，白金为中，赤金为下。"白金即是白银。所以春秋战国时期，金银不仅已进入了货币领域，而且昭示着财富。中国金银币的货币性在一个很长的时期内是不完全的，它们早就被用作支付手段、贮藏手段和世界性货币，但用作货币五项职能中的流通手段和价值尺度的时间就比较晚了。在大量文献中，先秦使用黄金的记录是很多的，主要用于贵族之间的馈赠、朝贡、大额支付、赏赐等。与铜铸币有所不同，中国古代金银币总体而言属于称量货币，需要称重计值，而不是计枚行使，因此在各个时期往往并未被制作成为统一重量、统一形制、统一成色的铸币，很多时候具有货币职能的金银甚至就是以冶炼之后的金银坯料形态出现的，如"铤"形、"饼"形之类。那些金银用于货币使用而特意制作的形态——如宋银锭、楚金版等，也不应视为铸币，它们仍然可以切割，需要称重才能进行使用。金银币称重时使用砝码、天平等，先秦衡制单位有的地区用"镒"，合计为20两，有的地区用"斤"，合计为16两；秦王嬴政统一全国后，法定用"镒"；汉代改为"斤"；魏晋以后又用"两"为单位。从古代金银币的使用情况看，秦统一时，法令明定"珠玉龟贝银锡之属为器饰宝藏，不为币"，黄金为上币，铜钱为下币。东汉开始，银始见文献有用于贿赂、赏赐之用。魏晋前后黄金使用一度减弱。唐宋时期，银币的使用有了很大发展，民间也开始使用，特别是银币逐渐成为通货。到了宋时银已用来表示物价，元、明统治者虽然限制用银，但事实上是限制不住的。至明代中叶银币正式成为法定货币，确立了银两制度，政府的税收田粮都折合银两后收取，国库开支用银和官俸的支付，实施了钱、银平行流通的制度。与白银在流通领域的发展相对的是，自明中期之后黄金渐渐减少了在流通领域的使用。清朝延续了银、钱并行的货币体制，清时的银币形态变得多样化，并随之产生了许多相关的银货币流通、制造、成色鉴定、兑换等多方面的问题。后来，随着西方货币和金融制度进入中国，银两的使用受到了银铸币特别是银元的大力冲击，旧式的银币渐渐被近代货币银元等所取代，到 1933 年终于结束了银两制度，旧式的银币退出了货币流通领域。

（二）形形色色的古代金银币

金银币因地域和时代等的不同而具有多种形态，需要分别认识。

1. 楚金版

楚金版又称郢爰、爰金、印子金，是战国时楚国的货币。两端凹入，正面排列着一个个阴文的篆书印文，印文多为两字，如陈爰、郢爰、专爰等，因多有"爰"字，所以被称为"爰金"，因以"郢爰"字样者最多，故常以"郢爰"指代这类金币。楚金版被切割、称重使用，是对后世影响很大的金币。

2. 银饼、金饼

银饼、金饼是熔炼出金银后形成的圆饼形坯料。银饼应早已有之，但早期银饼尚未发现，所见有唐时用作向官府缴纳庸调的银饼。

金饼背面凹凸不平，正面多有锤打痕迹，中央凹入，边缘略高，金饼上常有记重等刻文，有的还打有戳印。金饼重量不一，大小不等，时代大致在先秦两汉。

3. 麟趾金、马蹄金

汉代曾较多地使用麟趾金和马蹄金两种金币，麟趾金形似瑞兽麒麟的蹄壳，外壁向上斜收，底圆形，中空，外底光洁，中心微凹。马蹄金形似马

的蹄壳，底椭圆形，外底光洁，中空，外壁向上斜收，中心微凹。

4. 金贝、银布币、银贝

河南扶沟县古城村曾经出土过十几块银布币，布身长短不一，与先秦铜铸币"空首布"形态相仿。河北平山县中山国故地墓中出土有少量银贝、金贝，样子仿照贝币。这三种东西发现很少，其时代应是先秦，但是否是当时金银货币的固有形态，尚无定论。

5. 白金三品

汉武帝时期为了解决常年对匈奴用兵而引起的财政紧张问题，曾经用银锡铸造白金三品银币，用以敛财。三品中其一为方形马币，上有马形图案，规定一枚价值五百铜钱；其二为圆形龙币，上有龙形图案，规定一枚价值三千铜钱；其三为椭圆形龟币，上有龟形图案，规定一枚价值三百铜钱。因为这种做法是脱离了银币本身实际价值的，是人为过高定价的"虚币"，因此盗铸十分严重，致使社会上的白金三品真伪莫辨，根本无法流通，不久白金三品即被废止。关于使用白金三品史籍中记载得十分清楚，也是白银被明确作为法定货币的早期记载，但至今尚未见到被确认为白金三品的真品。

6. 金锭、银锭

唐宋以来，金银，特别是白银在货币流通领域内作用迅速加大，民间和官府广泛使用白银。为了适应这一新的变化，就要求其形态也要变得便于使用和携带，所以铤形发生变化，趋向小型化、标准化、等级化，逐步过渡到新的专用于货币领域的形态——锭形。宋时银锭大致分为三等，小者 12.15 两左右，中者 25 两左右，大者 50 两左右，形态也演变成束腰砝码型，锭身保留有铸造时留下的蜂窝状孔洞。细微差别在于，南宋至元朝的银锭文字较少，两端呈圆弧状，且多戳模砸印而成。北宋银锭文字较多，两端平直，文字凿刻而成；银锭上的文字多用作记述以及取信之用，如记用途、铸地、年份、重量、制作者和监制者等。金朝于承安年间曾铸造发行"承安宝货"银锭，从一两到十两分为五等，虽然"承安宝货"只使用了不长的时间，但它是中国古代银两制中出现的向计枚行使的银铸币发展的一个值得注意的方向。"元宝"一词原曾经用于铜钱的称谓，如"得宜元宝""大历元宝""淳化元宝"等。元朝的银锭、金锭也称为"元宝",有些银锭上还自铭"元宝"字样。"元宝"意为"元朝的宝货",时间一久,"元宝"二字就成为金银锭,特别是后来两端起翘金银锭的俗称了。

7. 银铤、金铤

历史上有许多银铤、金铤之说,据东汉许慎注《淮南子》所记载:"铤者金银铜等未成器铸作片,名曰铤。"那么铤也像金饼一样是尚未做成器物之前的金银坯料,既可用以进一步加工成金银器,又因其本身是贵金属,也可直接用作大宗支付和宝藏等。其形态呈直、长、薄的条形。铸后两面经过锤锻,显得更加光滑平整,上面多有手工雕刻的文字。金、银铤最迟在汉代已经产生,宋元之际在货币领域内渐渐被金银锭所取代。南宋境内还有一种制作比较精致、美丽的小金铤,较薄,"铤各长三寸,阔如巨指",上有"出门""十分金"等戳印,分为两等,分别约重宋制官秤半两、一两,这种小金铤应该是作为货币铸造的,而不是坯料一类。

8. 金牌、银条

与南宋境内小型金铤一起出现的是一种金牌,薄片状,长方形,上亦砸印有铭文,注明成色和制作地点铺号等,略似截取小金铤一截而成。金牌分为两等,分别重宋制官秤一钱和一钱半。宋代并有一类小银条,重三十克上下,长七十毫米左右,应是承继条状铤银演化而成的,正背面皆铸刻有文字,注明用途及制作时间。

9. 银钱、金钱

银钱、金钱是用银、金按方孔圆钱形制铸造而成的。汉代即见有金五铢钱,银钱、金钱后代续有制作,唐宋时制作更多。其制作有仿流通钱而加以改造者,如"天启通宝"背"金·五钱"、"淳化通宝"背佛像钱;有仿照流通铜钱的,如"开元通宝"银钱、金钱;有上铸吉语,如"天下太平""福宁万寿"的;有上铸重量、制作者、用途,如"太平天国""矿银"的。金银钱不是流通货币,而是被用作馈赠、赏赐、首饰、庆典纪念、避邪祈福、供养寺庙、随葬及上供税银等。

10. 实行银两制后的银币

明中叶后期确立了银两制度,白

古代钱币

37

银大量在社会经济生活中流通使用。流通使用的白银大体分为四种：一是中锭，重约十两，多为锤形，也有作马蹄形的小元宝；二是元宝银，又叫马蹄银、宝银，重五十两；三是散碎银子，多在一两以下。四是小锞，或叫锞子，也叫小锭，形状类似馒头，重一至五两不等。因明、清政府未就白银的成色、形制、称量白银的秤的标准作出规定，所以各地私炉、官炉生产的银币的名称、形状、成色、重量各有特点，非常复杂。就形状别之，就有圆形、元宝形、砝码形、长方形、方形、牌坊形等。总之，中国古代的金银币异彩纷呈，是中国传统货币文化的重要组成部分。

　　总之，中国地域广大，古代钱币跨越了几千年的历史，货币流通和铸造遍地开花，形式多样，种类繁多，真是难以尽述。它们在演绎中国古代货币灿烂文化的同时，对各朝商品流通、社会经济发展都起了不同程度的作用。其地位之高、意义之大，堪称世界货币发展史上的一朵奇葩。

中国古代金融与商业

九、古代钱币的历史影响

中国古钱币极大地影响了周围邻国地区，比如朝鲜、日本、越南等地区和国家，使这些地区也大量仿铸汉式方孔钱，形制也几乎与中国钱币一样，而且还通过贸易，流播到中亚、印度、东非、波斯湾等地。东南亚各国铸造的钱币由于受到中国钱币文化的影响，其钱币名称大都沿用中国唐代始创的"通宝"这一名称，钱币直接采用当代帝皇的年号来命名，其中虽然有名目繁多的"泉宝""元宝""重宝""珍宝""兴宝""之宝""永宝""安宝""全宝""新宝""洪宝""封宝""万宝""正宝""至宝"和"通宝"等多种名称，但是，所有钱币都带有"宝"名，这就是东南亚钱币受到中国古代钱币文化影响的具体表现。如日本著名的钱币"皇朝十二钱"中，除了"延喜"和"万年"二钱采用"通宝"名称外，有采用"永宝"者二枚，有采用"开宝"者一枚，有采用"神宝"者两枚，采用"大宝"者三枚，采用"昌宝"者一枚。日本在桃山时代铸造过四种年号钱，都采用了"通宝"名称，依次为"天正""文禄""绍圣""永乐"，其中除了"绍圣"钱名称是"元宝"外，其他的都为"通宝"名称。特别需要指出的是，为了对外贸易的需求，从江户时期开始，日本铸造了完全与中国方孔圆钱一致的钱币，如北宋"元祐""祥符""治平""熙宁""景德"和"元丰"钱等，以及明代"永乐"和"洪武"等钱。日本宽永时期是日本钱币发展的辉煌时期，从宽永十三年德川幕府铸造"宽永"钱开始，其后各代都曾大量铸造。年号虽然都是"宽永"，但是其材质不一、版式繁多、种类丰富、大小不同，除了普通的光背钱之外，还有大量的纪号、纪地、纪年等钱币。日本《东亚泉志》一书收录有"宽永通宝"版式百余种之多，其中有岛屋钱、文字钱、耳白钱、荻元钱、深川钱、七条钱、鸟羽钱、难波钱、伏见钱、小字钱、秋田钱、

若山钱、膳所钱、川字钱、藤泽钱、加岛钱、押上钱、元字钱、足字钱、因幡钱、长字钱、四年钱、一字钱、久字钱、千字钱、四当钱、享保佐字、正德佐字、安永佐字、元文佐字、享保仙字、寂光寺钱、元文仙字、千字铁钱、邑井户铁钱、真谕元字钱、元文邑井户钱等等，其品种十分繁杂，无法俱录。

10世纪以前，中国的方孔圆钱多冠以"重宝"或"元宝""通宝"等名称，但是，越南丁部领铸造的"大平兴宝"钱，则采用"兴宝"名称，确实为越南的首创。"兴宝"即具有祝福"大瞿越"国运昌盛、万世太平的含义，又有别于中国传统的"通宝"名称，该钱在越南货币发展史上占据着极为重要的地位。其中最为丰富的是越南黎显宗时期所铸造的"景兴通宝"钱。景兴钱最具特色，它制造量大，版别丰富，流通广泛，种类繁多。丁福保的《古钱大辞典》（拾遗）载有多种钱文，即景兴"通宝""大宝""巨宝""至宝""太宝""内宝""中宝""重宝""正宝""永宝""泉宝""之宝""宋宝""用宝""宣宝""求宝""顺宝""庭宝""总宝""行宝"等二十余种。此外，还有光背钱，背加铸星月纹、纪数字、干支纪年等多种形式的钱币，记录了越南钱币中的中国文化内蕴。

日本钱币的文字源于中国的汉字，著名的"皇朝十二钱"中的十二枚钱币，其钱文全部使用中国的汉字，钱文的写法为标准的中国隶书。十二钱中的"宝""开""通"三字，几乎与唐代"开元通宝"钱中的文字出自一辙。自"长年大宝"钱以后，书体逐渐演变成为隶楷结合的一种风格。桃山时期制造的"绍圣元宝"钱，书法仿照北宋时期的绍圣钱，但是在以后制造的"永乐通宝"钱，不但文字渐趋粗劣，而且直径也变小了。总之日本制造的方孔圆钱，无一例不是采用中国的汉字作为钱文的。

此外，泰国、越南、朝鲜、缅甸等国家制造的钱币，也多采用中国汉字作为钱文。东南亚各国铸造的钱币，由于受地区习俗、民风的影响，钱币文字多采用本民族文字。

钱庄 账局 票号

在中国资本主义的萌芽时期，中国也产生了近代的金融业，钱庄、账局、票号都是中国近代金融体系的重要组成部分。它们的主要业务是货币兑换、存放款及发行小票等其他项目，功能类似于今天的银行，它们既有很多共同点，也有各自的差别，对中国近代经济发展起到了重要作用。而它们特殊的经营方式和发展轨迹也是中国深厚文化的一部分，在历史的画卷上留下了浓重的一笔。

一、中国近代金融业的雏形——钱庄

钱庄，亦称钱店、钱铺，是我国一种以货币兑换、信贷活动为主要业务的旧式金融机构，但是因为当时钱庄的业务内容和活动范围都非常有限，所以它

只是"货币经营业的最原始的形式"。虽然原始简单，但钱庄的产生却是近代资本主义萌芽下商品经济不断发展的时代产物，所以钱庄的出现是社会发展的必然结果。作为中国近代金融业的雏形，钱庄的出现使我们不难窥探当时的货币流通和商业发展情况，而作为一个新兴的行业，统治阶级甚至外国列强也试图参与到这一活动中来，还有江浙财阀所把持的上海钱庄对全国的金融业以及外商活动都有着举足轻重的影响。所以，了解钱庄的产生、发展和逐渐衰落的轨迹，了解它的主要业务和运行管理方式，都将会对我们了解中国近代金融业的发展有重要帮助。钱庄，也许将会带我们慢慢走进那个时代。

（一）钱庄的产生和发展

钱庄最早产生于明代嘉靖年间，早期的钱庄非常简陋，只是在市集中摆桌设摊，以满足交易者的临时需要。虽然早期的钱庄形式简单，但它的产生却展现了我国金融业的兴起过程。

唯一合法流通的货币只有大明宝钞。大明宝钞是一种纸币，分一贯文、三百文、五百文等多种面额，在洪武八年（1375 年）开始发行。同时明廷规定禁止使用金属货币，以维护大明宝钞在流通中的地位。但是，朝廷滥发无度，导致大明宝钞很快就出现了贬值趋势，几年间就贬值过半。然而对于宝钞的迅速贬值，明廷却毫无反应，于是，大明宝钞也就逐渐失去了市场的信任，被民间市场所拒绝。原来被官方禁用的白银、制钱等货币又悄悄地回到了市场，重新

中国古代金融与商业

发挥着流通的职能。而随着商品经济的发展，市场越来越活跃，朝廷也就渐渐认可了这种状况，因此白银、制钱等成为公认的货币。

在当时的货币使用中，民间的小额交易一般使用制钱，而大额的商品交易，政府征税，政府向官员、士兵发放俸饷，一般都使用银两。这样，普通百姓通过小额销售获得制钱，需要兑换成银两用于纳税；官员、士兵获得的俸饷银两，又需要兑换成制钱用于消费。特别是从事贸易的商人，更是需要在银两与制钱之间，不断地进行兑换。随着明中期社会经济的不断发展，商品经济的规模逐渐扩大，货币流通量不断增加，这就使得货币的清点与兑换成了一项繁杂的劳动，需要一种专门机构来提供服务。正是在这种社会需要的呼唤之下，钱庄应运而生。

钱庄开始只单纯地经营制钱的兑换，但是经济的发展也慢慢地带动了钱庄的改革。

首先，银两因产地的不同，其成色也存在着一些差异，这就影响了交换时的价值。而银两作为一种货币，又分为大锭、小锭、碎银等多种形状，以用于不同的场合。所以，需要有专门机构来从事这些事务。钱庄也就逐渐发展为从事银两的成色鉴定与熔铸的金融机构了。

接着，钱庄又开展起了银票的发行业务。钱庄发行银票大约始于清朝雍正、乾隆之际。当时，中国社会经济再度获得发展，大量的货币往来使银两的称量、制钱的清点工作更为繁重。于是，一些有实力的钱庄便利用自身的信誉和影响，发行一种可代替银两或制钱的用于支付的票据，这种票据就是银票或钱票。

到了近代，随着社会经济的发展和整个金融业的发展，钱庄的业务也更加丰富，一些大的钱庄开始从事存放款业务，发展成为当地重要的金融组织。但是，直到近代以前，钱庄仍然只是一种货币的鉴定和兑换机构，尚不具有近代金融机构的性质。

随着中国开放程度的加深，钱庄的发展更多地受到了外来先进资本主义国家的影响，开始了如发行庄票，衡量利率的洋厘、银拆，经营存放汇、贴现等其他信用业务。

（二）钱庄的主要活动与业务

钱庄最主要的业务就是货币的兑换，是指将纸币、制钱、白银等相互兑换，以方便人们从事商业活动或是结算。兑换是钱庄最早也是最基本的业务，随着经济的发展，钱庄的业务范围也在不断地扩大。

除了单纯的兑换，首先发展起来的业务就是银两的成色鉴定与熔铸。就像上面所提到的，银两之间也存在些许差异，交换时多有不便。因此，很多钱庄开始试着把鉴别银两、铸造银锭等业务纳入自己的经营范围，尤其以南方的钱庄发展得最快。所以，在北方地区，又有银号的存在。银号，又称炉房，多是由原来的首饰制造铺发展而来的，由于有着制造金银首饰的技术，进而承担了当地银锭的铸造业务，其中一些便发展成为专门从事银两兑换、成色鉴定及银锭铸造的专业金融机构。这里还需要补充一点：发展到后来，钱庄已和银号没有太大差别了，只是地区之间叫法不同而已。

银票的发行也是钱庄的主要业务之一。银票又称"庄票"或"钱帖子"，即写有具体钱数额，可代替实有银钱用于支付的一种票据。凡是银票的持有者都可在一定范围内直接用票进行支付，省去了使用现银或现钱时搬运及清点的麻烦。如果持票者需要用现银或现钱，可以凭借票据到钱庄兑换。在一定程度上，银票有着与现银或现钱同等的价值，而其制造又极其简单，携带、交换也十分方便，因此非常流行，甚至有资料记载，当时有些银票的使用范围已经超过了一城一地，具有了异地支付的功能。

到了近代，金融业发展，加之资本主义势力入侵，钱庄也有了更丰富的业务活动。

洋厘和银拆，就是近代钱庄两种独特的经营方式。洋厘，即以银两表示银元市价。以银两为计算标准利率的叫银拆，以银元计算的叫洋拆。它们都是钱庄同业之间互相拆借的利率，一般由后期发展起来的钱庄同业公会操纵。这样就使得利率得到了统一，钱庄的经营也就更加丰富且合理化了。但是，民国初期，银元行市逐渐统一，所有钱庄均以银元为本币，全国通行，洋厘和银拆的

中国古代金融与商业

业务也就不再使用。

钱庄还经营存放汇、贴现、兑换及其他信用业务。钱庄多吸收商人存款，并代收票据；政府公款也有一部分存入钱庄，这些都是钱庄的往来存款。所经营的放款有信用放款、抵押放款、短期有息贷款等，放款的主要对象是商号，尤其是刚刚起步的商号，在这方面，钱庄对当时民族工业的发展起到了积极的推动作用。贴现是指远期汇票经承兑后，汇票持有人在汇票尚未到期时在贴现市场上转让，受让人扣除贴现息后将票款付给出让人的行为。贴现是钱庄发展到民国时期，贸易发展、贸易范围扩大的产物，也是钱庄后期的业务之一。民国初期，钱庄的汇划业务也迅速发展起来，汇划是钱庄同业间收付票据，不必一一收解现款，每日于一定时间、在一定场所互相交换各自所出之票据，划抵现款，结算尾数。

此外，有些钱庄还经营金银买卖，鉴定金币、银元和各种金属货币的成色、重量和真假，并核定价格。甚至一些资本雄厚的钱庄还下设或控制着金店、银楼的经营和买卖金银饰器。

（三）钱庄与外国银行和洋行的关系

到了近代，原本封闭的中国被迫开放，外国势力涌入，中国依然处在原始金融业的阶段，自然受到了外国银行和洋行的深刻影响。帝国主义对华商品输出，是通过洋行和买办进行的。洋商为了在中国大量推销商品，掠夺原料，就利用遍布全国各城镇的钱庄。钱庄由于规模小，势力弱，为了生存并力求扩展业务，也不得不与洋行或外国银行建立业务联系。而洋商与钱庄的相互联合，促进了钱庄的发展，特别是对外通商口岸的钱庄，必然为外国洋行和银行所控制，不可避免地和它们具有较为紧密的联系。

钱庄的老板一身二任兼当买办。买办，原是指外国商船办日用品的采购员。后来指为外国资本家在本国市场上服务的中间人。外国银行和洋行都实行买办制度。外国银行和他们的买办定有契约，规定买办的业务范围、应得利益、应付责任以及担保事项等。钱

庄与外国银行或洋行的业务往来如收付庄票、鉴定金银、买卖汇票、款项拆借等均要通过买办之手。这样，买办必须对钱庄的业务有充分的了解，他们大多是钱庄的老板或是钱庄里的人员。所以，这些人就身兼二职，既是买办又是钱庄人员，把钱庄和外国银行联系起来。

钱庄与外商的联系还体现在钱庄托庇于租界。这一点在上海最突出。上海的钱庄早先活跃于南市，自从北市被辟为租借，北市的钱庄迅速增加，南市则逐渐冷落。这不仅仅是由于投资钱庄者为躲避国内人民革命的风暴，而且因为北市更便于吸收存款、勾结外商、进行投机活动。也因此越来越多的钱庄迁往租界以寻求和外商的联系。

钱庄通过外国银行融通资金，支持国内商人进口洋货、输出原料。钱庄向外国银行融通资金的工具是庄票，随着贸易的发展，社会要求钱庄提供更多的资金，钱庄自有的资金不足，无法应付，需要借入资本补充，而外国银行因为在中国吸收存款、发放钞票，自然有多余的资本可供贷出。这样钱庄进一步依赖外国资本，外国银行也因此加强了对钱庄的控制。由于钱庄和外国银行拆借关系的建立，洋行就可以把收到中国商人来往的钱庄庄票存入外国银行，委托银行代收，中国商人收到洋行签发的支票也可以送到自己开户的钱庄，请钱庄代为收款。外国银行就是这样和钱庄相互联系的。实际上，钱庄需向外国银行通融资金，加上洋行与中国商人的商品交易清算都要通过外国银行和钱庄建立起来的清算网，这也就表示外商甚至有可能控制整个中国金融市场。

钱庄又是通商口岸洋行和内地商人之间的联结器。例如，洋货进入中国的西南省份或是西南的土特产品出口，都要借助于四川商人之手。而四川商人之所以有这样的力量就是得助于汉口、上海的钱庄。汉口、上海的钱庄又都和口岸的洋行相连接。在这中间，钱庄也就充当了洋行和内地商人的中介。

与其说是钱庄与外商、外国洋行、外国银行有着紧密的联系，不如说是外国资本家想方设法进入中国市场，赚取中国资本，进而控制整个金融业。

（四）钱庄的衰落

钱庄是顺应时代的发展而产生的，当岁月的齿轮碾过那个特殊的时代之后，钱庄脱离开了它赖以生存的特定历史环境，它的衰落是历史的必然。

作为一种旧式的原始金融机构，钱庄从产生之时起由于自身发展的局限，也就为以后更大的发展埋下了隐患。发行银票是钱庄的主要业务之一。而银票本来是银钱的替代物，每一额度的银票，就代表着等量银钱同等的价值。但是，由于银票可以直接进入流通，而不须与实有银钱一一对应，钱庄便利用这一特点，超出其实有资本量进行发行，造成了银票的虚拟化现象。当时的很多钱庄，实际拥有的资本不过几千两白银，而发行银票的价值，却多达数万两白银，甚至一二十万两。虚拟支付大大超出了实际支付能力，再加上钱庄授理贷款业务主要注重人的信用，不重抵押或保证，一旦遇到意外，贷款收不回来，便要倒闭。在清末的十几年里，钱庄就发生过两次重大的倒闭风潮。

第一次倒闭风潮是光绪二十三年（1897年）发生在上海的"贴票风潮"。当时因贩卖鸦片利润丰厚，市面现款缺乏，贩运鸦片的商人就重利向钱庄借款，钱庄供不应求，就用倒贴现钱的方法吸收社会存款贷给商贩。起初仅仅是少数的钱庄经营，贴票到期也能如数兑现。后来因为利用这种方法吸收存款容易，而且又能从鸦片商那里获得高额利润。专营此项业务而开设钱庄的人越来越多，甚至有在弄堂口粘贴牌号开张经营的。也正是这样，投机的奸商们利用人们贪图厚利的心理，便趁机抬高利率，骗取大量存款，到期不能兑现，于是便纷纷倒闭。这一次的倒闭风潮，波及范围很广，凡是经营贴票业务的钱庄几乎无一幸免。

第二次倒闭风潮出现在1910年，被称为"橡皮风潮"。风潮的起因是当时有一个叫麦边的英国人在上海开设了一家"橡皮公司"，大造舆论，鼓吹经营橡皮可获巨利。在他的鼓动下，商人争相向钱庄借款来购买橡皮股票，钱庄本身也投入了巨资，于是橡皮股票上涨了二十多倍。此时，麦边趁机

钱庄 账局 票号

将股票全部抛出，卷款潜逃。这时商家才知道上当受骗了，顿时橡皮股票一落千丈，成为废纸。投资橡皮股票的商人纷纷破产，钱庄也受到了巨大的打击，借款收不回，自己也亏了大利，接连倒闭的就有几十家。

虽然这两次倒闭风潮并没有使钱庄没落，但还是受到了很大的影响，此后，钱庄的势力便慢慢开始衰落。

辛亥革命后，清朝灭亡，原有的很多旧体制也都一一衰落，各种新势力进入市场，钱庄的发展更是举步维艰，逐渐走向瓦解。

在民国时期旧式钱庄衰落的主要原因有：

1. 现代银行业不断发展，四大家族垄断金融市场。仅以上海为例，当时全市有钱庄四十八家，而同时有官、商银行八十九家，总分机构一百八十三处。资本总额是钱庄资本总额的 13.4 倍。钱庄的业务受到了很大的限制和排挤。

2. 帝国主义经济侵略加深，导致中国农村经济破产，内地钱庄常因农村放款收不回来而影响资本周转，歇业倒闭的事情时有发生。

3. "废两改元"后，严重削弱了钱庄操纵金融市场的能力。兑换和"洋厘"是钱庄的主要业务，当货币统一后，这两项业务也就不再需要了，钱庄的生意因此受到了很大的影响。

4. 帝国主义势力的干涉。帝国主义无论是和钱庄联合，还是投资钱庄，其最本质的目的仍然是控制中国市场，当中国的金融业受到创伤时，它们往往是撤走资金、落井下石。当倒闭风潮和金融危机发生时，许多外商扶持的钱庄纷纷倒闭。

（五）上海钱庄的势力

钱庄的分布在中国是很广的，几乎遍布于每一个地区。而在所有钱庄中，上海钱庄却有着其特殊性，它的势力对全国的金融业都有着举足轻重的影响。

上海的钱庄大多由江浙大财团控制，他们的势力波及很广。上海钱庄组织

中国古代金融与商业

50

可分为两大类，通常按业务性质和信用能力，分为汇划庄和一般钱庄。汇划庄称大同行，即大钱庄。汇划庄之间往往有共组的汇划总汇，它们之间的票据收解，可以互相抵解汇划。它们势力很大，甚至有左右市面的能力。

钱庄因投资者和经理的籍贯不同，形成钱庄中的地区帮派，上海就有绍兴帮、宁波帮、苏州帮、松江帮、浙江南浔帮、镇扬帮、安徽帮及本帮（上海帮）等九大帮派。他们的势力都很大，而且相互之间都有着紧密的联系。辛亥革命后，国家银行和商业银行在操纵金融市场的时候，还得拉拢和利用上海钱庄。我们可以从以下几项业务活动中看出上海钱庄对上海乃至全国金融市场的影响。

1. 钱庄操纵着上海的货币兑换。民国时期，上海已成为全国的金融中心和商业中心，对全国各地的贸易往来都很频繁，汇划、换算、洋厘、银拆等营业项目都占优势，上海钱庄便利用复杂难测的兑换内容，从中盘剥渔利，从而垄断了市场。

2. 上海钱庄在外商华商之间，以庄票为经营进出口贸易的纽带。庄票如同现金，是早期外国银行唯一认可的中国票据，在外国银行贷款调控支持和洋行买办的牵线下，担任买办性工作，成为外国银行向中国内地渗透的工具。

3. 有左右上海商界的力量。钱庄和商家关系密切，通过存、放、汇、发行庄票和兑换等业务，对商家融通资金、算清账务有着很大的影响，使其得以灵活周转，持续经营。所以钱庄已经成为控制上海商家的一个重要因素。

钱庄的产生是历史发展的产物，它的业务活动和发展进程都对我国商业发展有着巨大影响。可以说，它是那个时代的重要标志之一。

钱庄 账局 票号

二、中国近代金融业发展的飞跃——账局

清代中后期，中国的金融业获得了长足的发展，虽然钱庄在当时已普遍，而且也有了灵活多样的经营形式，但如果按近代银行的标准来衡量，其标志性

的三大业务，即吸收存款、向工商业发放贷款以及进行跨地区的兑换，在当时的中国还尚无一家金融机构来专门从事。账局的出现，填补了这一方面的空白，它将中国金融业的发展，推到了一个新的阶段。

所谓账局，就是放账之局，兼营吸收存款，是以经营存放款为主要业务的一种金融机构。与当时已有的金融机构，即当铺、钱庄相比，它是以向工商业发放贷款为主要特点的，已具有了近代银行的色彩，所以，它才是中国近代银行的起源。账局的产生、发展与商业的发展和借贷问题等都紧密联系，账局的衰落也和新的金融机构的出现及当时动荡的社会环境有关，而它的歇业也在工商业界引起了一连串连锁反应，导致了整个市场的萧条。另一方面，作为账局的集中地区，张家口的发展又和汉蒙、中俄之间的贸易往来有着莫大联系。

（一）账局的产生和发展

账局，大约产生于清代雍正、乾隆之际的中国北方，集中分布在京、津、张家口、太原、多伦等商业城市，经营账局的大多是山西商人。账局既是中国金融史自然发展的产物，也是当时中国北方商业经济出现特殊运行轨迹的结果。

中国古代的信贷机构，一般都具有高利贷性质。需要借贷者支付高昂的利息，如果将这种资金用于工商业的经营，所获得的利润就都会以利息的形式归于信贷机构，常使工商业者一无所获。所以，中国古代的信贷机构，只能服务于消费性需要，满足人们生活中遇到的资金急需，而不能被工商业者所接受。

明代以后，由于中国金融业获得了较大发展，其行业的相互竞争也日益激

中国古代金融与商业

烈起来，这就使得信贷的利息出现了普遍下降的趋势。甚至还出现了典当值越高，利率越低的现象。同时，明代中后期以后，我国商品经济发达，这使得商家需要更多的资本来周转业务。另一方面，金融业的发展，也迫使金融业内部竞争激烈，借贷资金去寻找新的借贷对象创造商机，从而找到新的发展之路。由此账局便应运而生。

早期账局的业务仅限于借贷，而不办理汇兑。可是清代自康熙以来，社会生产力逐渐恢复，商品经济的发展促使商品交换在数量和区域上都有明显的扩大。到了乾嘉之际，国内的商品交换日益频繁，特别是商埠贸易的开展，使得不同城市的经济联系更加紧密。在当时，全国性的商业城市已经形成。有所谓"天下四聚"，即"北则京师、南则佛山、东则苏州、西则汉口"。它们与全国各地城市经由商品流通形成经济联系，迫切需要解决不同地区间收解现金和清算债务的问题。先前现金收解往往是依靠商人自己实现，或是镖局押运的方法解决。到了商品交往日益兴旺的乾嘉年间，这种运解现金的方式已经不能适应商品流通区域日益扩大这一客观情况了。于是，一些原本只经营信贷的账局，逐渐把不同地区间的汇兑作为兼营的业务承担起来。

到了嘉庆年间，也有一些信誉较好的账局，利用汇票清算不同地区之间因商业或借贷形成的债权、债务关系，但是仍然不是专业的汇兑机构。

(二) 账局与张家口、中俄贸易

在明清之际的中国，北方的贸易主要是以张家口为中心的。而账局产生后，又大量分布在张家口，借贷给中俄两国的商人，促进了中俄之间贸易的发展。

所以，有很多学者认为账局的产生和张家口的中俄贸易有关。虽然今天我们不能完全肯定这一点，但从这一观点中我们也能看出账局与张家口、与中俄贸易的发展有着紧密联系。

张家口原是对蒙防线上的一处关口，汉蒙互市以后，对蒙的贸易逐渐发展。而随着中俄交战，双方签订了《尼布楚条

 钱庄 账局 票号

约》，中俄贸易开始，张家口又成为了中俄贸易交往的重地。

根据《尼布楚条约》的规定，俄商每三年来华一次，每次不能超过两百人，经陆路来北京贸易。俄商来华贸易，主要是携带皮货，交换俄国所缺少的中国商品，利用两地产物的不同，通过长途贩运，从中赚取差额利润。

中俄贸易的开展使得俄国商人获利丰厚，于是他们不再满足三年一次的进京贸易，要求扩大贸易规模。在俄方的不断要求下，清政府重新规定，除了允许三年一次的进京贸易外，还规定将恰克图开辟为中俄贸易的地点，中俄两国的商人都可以在此直接贸易。

然而，清政府却对中国商人的对外贸易活动采取了限制政策，清廷规定：凡是前往恰克图的商人，必须先向张家口关监督提出申请，由张家口关监督转呈理藩院审查，审查以后，颁发一种所谓的"信票"，持此票才能去恰克图贸易。也就是说，只有在张家口办理过一系列手续之后才能参与中俄贸易。这样，张家口就成了中俄贸易的中转站，然而，恰克图远在中俄边境，距张家口有一千五百公里之遥，由张家口至恰克图，每往返一次，仅途中运输就需要至少半年的时间，如果再加上从内地组织货源，或是将俄国的货物带到内地销售，以及往返内地的运输过程，贸易商的经营周期就会被大大延长。随着经营周期的延长，成本必然增加，这样一来，对贸易商而言，则只有两种选择：或者是缩小经营，或者是向金融业寻求贷款支持。而中俄贸易的丰厚利润，使商家都选择了借贷来发展业务。因此，账局应运而生，尤其以张家口发展得最快。

张家口既是账局最先产生的地区之一，又是其集中发展的地方，它的产生和发展也大大促进了中俄的贸易往来，为当时的经济发展作出了很大的贡献。

（三）账局的业务与影响

关于账局的具体运作，一位对账局业务很是留意的清朝官员曾作了以下描述："闻账局自来借贷，多以一年为期。五六月间，各路货物到京，借者尤多。

中国古代金融与商业

每逢到期，将本利全数措齐，送到局中，谓之本利见面，账局看后，将利收起，令借者更换一券，仍将本银持归，每年如此。"

由上面这段记载，我们可以知道：第一，账局借贷以商业经营者为主要对象，因此才出现了到了每年的五六月份，当各地商人将货物集中在京城时，借贷的商人尤其多。由此例我们可以看出，账局借贷和商业经营之间有着密切的联系。第二，账局借贷与商业经营因季节的限制，有着淡、旺季的差别，因而账局借贷也有淡、旺季的差别。比如在京城，每年就以五六月份为账局借贷的高峰。第三，账局借贷期限，多以一年为期，以适应当时一般的商业经营周转需要，如果到期后想要续借贷款，必须将本利全数凑齐，等到账局确认了其偿还能力之后，再重新办理借贷手续，开始新一轮的借贷关系。

账局的借贷对象，除了最主要的工商业经营者之外，还有以下两类：一是当铺、钱庄等其他金融机构。虽然这类局铺本身也从事借贷，但其中资本较小的商业组织，也往往需要账局提供融资，以维持正常的运转。二是各级官员，尤其是候选官员。按清代的规定，候选官员获得官缺，需要长期等待，等到获得了官缺，往往已盘缠用尽，需要借贷上京赴任。一些达官贵人为维护门面，有时也靠借贷应急。此类贷款者一般所需甚急，往往会不计代价，放贷者也就放手盘剥。而且账局多设在华北，有的账局还利用这一点，向蒙古王子放贷。这类贷款，是账局经营中获利最高的一个项目。

由账局的业务活动和具体的运作，我们不难看出账局借贷业务对当时的经济及其他领域都有着很大的影响。

1. 账局作为一种专门从事借贷及埠际之间兑换的金融机构，它的产生促进了当时商品经济的发展。账局的借贷功能使得工商业者可以将更多的资金投入到经营中去，这就为工商业以及刚刚起步的小本经营者的发展提供了更大的空间，增加了商业竞争的活力，从而促进了商业的发展。而同时商业的发展也促进了账局的发展，正是它们的彼此促进，从而也推动了当时经济的繁荣。

2. 账局的崛起也带动了其他金融机构的发展，同时也影响着它们的运营。账局的借贷对

象不仅限于工商业，当铺、钱庄等其他金融机构也是其主要贷款对象。这些组织虽然自身也经营存放款业务，但是，其中一些资本较少或是临时遇到紧急情况需要资金周转的，也常常会向专门从事借贷的账局借贷，以维持运转。这样，很多的当铺、钱庄都可以通过账局的资金而发展壮大，账局的产生在一定程度上促进了金融业的发展。但同时，由于当铺、钱庄对账局有着依赖关系，因此，当账局因某种原因抽回资金时，便会导致此类机构的经营中断。必然在工商业内引起连锁反应。

3. 加速了国家资本的集中。还有很多官员、达官贵人也从账局借款，用来充门面或是投资发展家族事业甚至是买官卖官。这样一来，原本就富裕的官员、地方乡绅势力越来越大，从而加重剥削百姓，加速了国家财富的集中，使得贫富差距越来越大。这也是账局发展到后期的一个消极影响。

总的说来，账局的产生标志着我国金融业的发展进入了一个新的阶段，它的产生不仅影响了金融业的发展，而且还左右着市场的盛衰、国民贫富的分化。账局的产生和发展在我国近代历史上有着特殊的意义，需要我们格外关注和重视。

（四）账局的衰落

账局经过了雍正、乾隆两朝的发展，到嘉庆年间达到了鼎盛时期，可是随着社会的不断发展、金融行业的竞争愈演愈烈，从咸丰末年到民国初年，账局进入了衰退期。

先是道光年间，票号产生，由于票号开展的兑换业务适应了当时商业经营的需要，且资本雄厚，所以虽然家数并不是很多，但影响十分巨大，使账局原有的金融地位遭到削弱。而且，票号发展起来之后，逐渐涉足存放款业务，原先一些旧的金融机构，例如钱庄，也纷纷开展存放款业务，这就形成了存放款市场的争雄形势，账局作为市场借贷中心的局面便一去不复返了。为了适应形势的变化，一些账局也开始扩大业务范围，向票号学习，增设分支机构。然而，账局家数虽然多，资本额却相对集中，所以当票号兴起后，账局的影响力远远不及票号，难以再争回市场。

而剧烈的社会动乱，是加速账局衰落的又一重要原因。中国进入近代以后，社会动乱日益频繁，即使是京畿之地，也难免受到动乱的影响。先是庚子事变，八国联军侵入北京，大肆进行掳掠。剧烈的社会动荡，不仅使京津地区的工商业受到重创，而且由于新式银行加入竞争，使得账局的生存条件更加恶劣，日益走向衰败。接着是民国元年，北洋军阀的胡作非为，使北京市面再受重创，更加加速了账局的衰落。

钱庄 账局 票号

三、中国近代金融业发展臻于成熟——票号

票号，即以异地款项汇兑为主要业务的金融专营机构，后亦办理存放款及委托代理等业务。因其最早且多由山西人创办，故也统称为山西票号。票号的产生，是中国金融史上的一件大事，它标志着近代金融业的三大基本业务——存款、贷款、汇兑，中国金融机构已全部具备，而且也表明中国近代金融业发展臻于成熟。票号的发展轨迹固然是我们需要关注的，但票号的产生发展除了和广阔的时代背景有关外还和清政府有着千丝万缕的联系，所以，当我们谈到票号的时候，目光也就不能不落到票号和清政府的关系上。另一方面，作为较为成熟的金融机构，票号制度也值得我们研究与探索，资本的招集、员工的管理、经营的理念都是我们古老民族发展史上值得纪念的一抹艳丽色彩。钱庄、账局和票号虽然看起来相似，却又有着不同的社会功能与影响，它们的异同与联系也需要我们耐心地加以比较。

（一）票号的产生和发展

票号产生之后，曾称雄中国社会将近一个世纪，对当时中国经济的运行产生过重要的影响。但是，关于它的起源，却有着多种说法。

一种说法是票号起源于隋末唐初。这种说法是把我国古代的"飞钱"看做是专营汇兑业务的开始。"飞钱"是早期的一种汇兑方式。当时商人外出经商携带大量铜钱有诸多不便，于是便先由官方开具一张凭证，上面记载着地方和钱币的数目，之后持凭证去异地提款购货。此凭证即"飞钱"。"飞钱"本身不介入流通，不行使货币的职能，因此不是真正意义上的纸币。实际上"飞钱"只是一种货币的汇兑方式，与票号专门经营汇兑性质不同，而且当时的商品经济并不发达，没有达到对汇兑业务强烈需求的程度，"飞钱"也只是断断续续

地存在了十几年而已。所以,唐朝时产生"飞钱"并不能说明票号在那时就产生了。

另一种说法认为票号产生在明末清初。这种说法也很具有传奇性质。据说,明末清初闯王李自成被清军击败后,在逃往山西的路上,为了减轻行军负担,将所携带的金银掩埋于一户姓康的人家院内。后来,康家就利用这笔钱创办了票号。这个传说经考证也是不可信的,主要是因为在山西经营票号的人中根本就没有姓康的,而且这些只是口耳相传的故事,史料上直到清代中期也没有关于票号的记载。

现在最为准确和最为广泛接受的说法,是最早的票号由山西平遥人雷履泰创办,产生于道光年间。

票号的产生也有它特定的时代环境。

首先,道光年间,我国的商品经济已经有了进一步的发展,商品交流的规模、范围都在不断地增大,经济活动已远远超出了地区的限制,全国性的贸易也发展起来。这就向金融业提出了新的要求,需要解决现金携带及账务的清算问题,于是,专营埠际汇兑的金融机构——票号便应运而生。

其次,汇兑的产生和发展还有赖于近代通信系统的出现。中国的驿站制度虽然早就产生,但一直为官方所用,民间无法利用。直到嘉庆年间,民间通信系统即当时的信局才出现,这才为不同地区间的汇兑提供了便利的条件,票号由此得到了发展。

票号开始经营时只是经营以汇兑为主的金融业务,随着商业的发展,票号也投资其他商号,有的较大的票号也直接兼营货物买卖。不过,兼营其他业务只是票号的一种投资,并不是其主要业务。但这却能反映出票号的发展,扩大了经营范围。

票号在 19 世纪 50 年代左右进入了发展的高峰,和清政府建立起了联系。甚至承担汇兑清政府卖官鬻爵的捐款,对政府进行财政贷款。票号虽然在那时进入了它的黄金发展阶段,但随着太平天国运动的兴起,票号也逐渐走向了衰落。

钱庄 账局 票号

59

（二）票号的功能和制度

票号的产生代表着我国近代金融业发展到了成熟阶段。它的业务和功能也越来越类似于今天的银行。大体上，票号有以下四种主要业务：

1. 汇兑。汇兑是票号最主要的业务。汇兑的方法是由汇款人将需要汇的金额交与票号，并把需要汇往的具体地点也告诉票号，票号马上把汇票寄往需要

支付地的分号，转交给收款人。然后收款人就可以凭借汇票随时到票号去取款了。依照票号的规定，凡是取款人取现金时，票号都要从中扣取一部分作为利润。

2. 存款。票号运用的资金，除了自身原有的资本外，还有一部分是存入的款项。这项存款，大都是官府的公款，如税款、军饷

等。在户部银行产生以前，清朝没有国家银行，所有的公款，在京城就存在国库中，在地方就存在藩库里。票号的老板往往与官员相勾结，使他们暂时将公款存在票号里，这样，暗地里官员们能获得不少利益，而票号也能利用国家的钱来发展自己的经营。此外，还有很多官吏的私人存款也存在票号。至于普通商人，因为票号的利息比钱庄低很多，所以都不愿投存。

3. 放款。放款虽然也是票号的业务之一，但却不太受重视。所以如果不是资金停滞，票号大多不愿放款。而票号的放款对象也是以钱庄为主的，商店和官吏排在其次，平常人则无论应允多大的利润也不会被轻易允许的。票号放款的期限通常分为短期和长期两种。短期的放款，以一个月、两个月或三个月为期限；长期放款则以一年为期。放款的利息并不是一定的，一般要依金融状况来定，当然也看借款人的身份，如果放款给官吏，利息就会高点。

4. 发行小票等其他经营。票号发行的一种临时便条叫做小票，取款时，凭票付款，认票不认人。小票一般在北京发行较多。另外，票号有时还兼营办货作为副业。

作为一种较为成熟的金融机构，票号的很多制度都是值得我们关注的，很多制度沿用至今。

首先是资本召集，票号均采用股份制度。通常票号都是合资经营，即使是某一个家族独办，也往往由家族内不同的门户共同出资。因此，为了明确利益，必须采用股份制度，以便于分红时结算。在责任方面，他们采取的是和中国传统商号一样的无限责任制，就是说，无论此家票号的资本多少，一旦出现负债，票号股东有以全部资金进行偿付的责任。从这方面来看，票号仍然延续着传统的方式。

票号对于员工的选拔和管理也有着非常严格的制度。票号选择员工一般都需要有人引荐，引荐后也还要经过简单的考核。一般先询问一下家庭身世，以防为人不正或有不好的遗传；接着还要测试智力和文字，以判断被测试者的能力。新员工进入票号后还要经过一段时期的培训，才能独立从事工作。在培训中表现较差的员工也是有可能被开除。即使是通过了培训的考验，在日后的工作中，也要随时接受考核。除严格的考核外，对表现优异的员工也要给予提升，很多票号的经理人都是从普通员工晋升而来的。

票号的经营方式较之钱庄、账局都有了很大的进步。票号主要经营的是汇兑，汇兑有票汇、信汇、电汇三种。通常用得最多的是票汇的方式，不过为了防止伪造，票号有很多防伪手段。如讲究印制，每个票号都有自己与众不同的汇票，包括图案、字体都有严格的讲究。还有就是附加暗号，暗号一般加于汇票之后，主要是月日与银数，以类似密码的特定方式书写，并且数年一变，以防泄露。

这些管理方式，在今天看来也并不落后，尤其是票号的经营者往往最注重诚信，他们都严守行业的规则，当出现了债务时，即使是倾家荡产也会全额赔偿，正是因为这样，票号才在我国金融史上存在了一百多年。

（三）票号与清政府的关系

进入近代以来，中国不断受到外国列强的入侵，各地又纷纷爆发农民起义，清政府遇到了前所未有的窘境，内忧外患，国库吃紧。清政府为了弥补亏空而增加税

收，举借内外债，这些款项大都经过票号之手，并且依靠票号将款项从各地汇拢起来，输往京师户部、西北、西南用兵之地和洋务织造所，融通转运。渐渐地，票号几乎成了清政府的财政支柱。

1. 代办捐纳、印结，为清政府筹措财政经费。捐纳，即是以钱来买官卖官；印结，是一种签有印鉴的保证文书，亦用作买官之用。天平天国失败之后，清政府出于财政需要，大肆推行捐纳制度，票号代办、代垫捐纳、印结就成了经常性的业务。穷酸寒士为了登上仕途，请票号代出捐纳来谋取官缺。票号除了从中赚取汇费外，还要收取各种小费，并能代理其辖地的金库，扩大票号的营运资本，并能取得官吏的保护，一举数得。清朝中后期票号实际已经成为捐官制度办事结构的组成部分，对清政府的财政聚敛起到了一定的推动作用。

2. 票号为国家汇兑公款。国家公款的汇兑一直都是清政府所争论的问题，为了管理方便，在票号发展起来以后，户部就把税款以及其他款项的汇兑交给票号，票号也就充当起了清政府税款的解缴机关。

3. 票号借款给清政府，解救清政府的财政危机。按照清政府的规定，中央政府经费及各种专用款，均由户部与指派的各省关将税款直接押运至用款地方。但是由于各省关收入困难，而用款单位又经常催得过急，各省关就不得不向票号借款。在这一方面，票号的确为清政府解决了很多燃眉之急，例如镇压各地起义的粮草钱款多数都是由票号垫借而来。

4. 票号还代理部分省关的财政金库。票号最初代理的只是少数省关，后来各省相互效仿，以致送往京城的税款均由现银改成了汇票。究其原因，第一，政府的财政愈发的困难，各省乃至京师常常需要向票号垫借。第二，捐纳制度所促成的官吏与票号勾结，互相利用，官员存公款于票号，既可以在财政不足时请票号垫付，也便于个人将搜刮所得汇回原籍。票号也赖公款的存入来扩大资本，贷放方便，获利丰厚。此外，票号每当资金周转发生困难时，还发行银两票，对清政府的财政也起了一定的支持作用。

票号汇兑很大程度上缓解了清政府的财政困难，为清政府对全国金融进行宏观调控助了一臂之力，而且汇兑也适应了当时京师和地方的财务调剂。所以，清政府无论是权宜之计还是顺应商品经济的发展，都与票号产生了无法割舍的联系。而票号也借清政府而不断发展，实际上，它们之间无非是相互利用罢了。

（四）票号的衰落

票号与清政府相勾结使得票号迎来了自身发展的高峰，但同时也埋下了隐患。到光绪末年，票号就开始趋向衰落了。总的来说，这主要是因为它的发展是从鸦片战争以后担当中国金融市场中汇解现金的角色开始的，后来转变为清政府腐朽政权的财政支柱，参加了封建经济的剥削。因此，票号的经营中也表现出了某种寄生性，到最后必然会趋于衰落。而进一步的现代化也使得票号慢慢被历史所淘汰，票号的衰落具体有以下原因：

1. 交通改革的结果。火车和火轮船通行于各商埠，缩短了各地的距离，商人往来更方便，再加上银元的流通，即使是大宗的款项，也很容易运送结算。由于交通的便利，票号已经不是必须的了。邮政、信局也开始办理汇兑，抢走了票号的一部分生意。

2. 新的金融机构的出现。清末国家银行如户部银行、交通银行等，及各省官府银号相继成立，从前票号所做的国库及官府的生意少了一大半。各地民营银行和钱庄、银号对于存款加利，对于汇兑则减少了收费，票号的生意被剥夺了不少。外国银行也纷纷开始经营国内汇兑，吸收存款。这些都使得票号大大亏损。

3. 遭受辛亥革命的打击。因为票号的繁荣是依附清政府和官僚得来的，一旦清朝灭亡、官僚失去势力，票号也就无所凭依，自然不能继续存在。

4. 恶劣的金融环境对票号的影响。清代币制相当混乱，当时银两和制钱并行流通，作为法定的货币制度，这本身就是一种不完整的体系。清政府对制钱的铸造管理得很严格，而对银锭、银块却不加干涉，因此，银的成色、重量也因铸造的时间和地区而有所不同。而且，清政府滥发宝钞、广铸大钱，导致恶性通货膨胀。在这种恶劣的金融环境和社会环境下，以商业为根基、以金融为命脉的票号，势必受到种种不利影响。

5. 内部原因。票号大都是由山西晋商经营的，缺少新意识和改进的勇气，因而也是造成票号失败的一个重要原因。光绪末年，袁世凯任北洋大臣的时候，招揽晋商创办直隶官银号，晋商皆不接受。以后设户部银行，招晋商入股，也没有得到响应。直到大清银行、交通银行成立，所有的官款都存入两行，票号才知道受了重创。

总之，票号的衰落，一方面是由近代历史发展的趋势决定的，另一方面是由于晋商严守旧习、依靠官僚、不知改革，终酿成恶果。

（五）票号与钱庄、账局的比较

钱庄、账局、票号可以说是近代金融业的三大支柱。同是在近代资本主义萌芽、商品经济不断发展、对金融业提出了新要求的情况下产生的，都和当时那个复杂的时代有着密切的联系。它们既有很多共同点，也有各自的差别。

同是金融机构，除了产生的背景相似，它们的业务之间还有很多的相同之处和联系。它们最主要的业务都是吸收存款、发放贷款、汇兑，只是钱庄是以货币的兑换为其最主要的业务；账局最主要的业务则是发放贷款；发展到票号，它的业务就较为全面了，但票号的经营还是以远程汇兑为主。在很多的时候，它们之间也有着业务的往来。例如，账局放贷的主要对象除了工商业经营者外，还有钱庄等其他金融机构，这些庄铺虽然也从事借贷业务，但是当它们资金额度不足时，也需要向专门从事借贷的账局借款来通融资金，以维持其正常的经营运作。虽然票号很少承担放款的业务，但是如果当它们的资金滞留又不得不发放贷款时，它们一般会贷款给钱庄或是账局。不仅如此，钱庄、账局、票号在其他方面也有往来，它们往往相互投资、入股、共同商讨汇率等。实际上，无论是哪种经营形式，经过了一段时间的发展，随着贸易范围的扩大，它们的业务也会越来越全面，功能和活动也就越来越相近，但业务的侧重点依然不同。

账局和票号也有着密切的关系。因为账局和票号的业务在很多地方都有着相似之处，最早又都是由山西人经营，所以，今天仍然有很多人认为账局和票

中国古代金融与商业

号有着前后继承的关系。虽然目前我们还缺乏足够的资料来考证，但是，账局对票号的产生的确起到过一定作用。如账局埠际之间的兑换就对票号日后的汇兑业务有着很大的影响，票号的这一业务从账局那里借鉴了很多。

虽然同属近代的金融机构，钱庄和票号还是有着很大的差别的。不过，它们之间也有着业务的往来。钱庄一般资本都不雄厚，上海钱庄的资金最多，但一般也就在五万两左右。钱庄大都没有分支机构，只有少数的上海钱庄在长江中下游一些城市设立了若干分庄。钱庄不仅数量多，而且分布广，并与外国银行建立联系。而票号开设于繁华开放的大商埠和重要码头，数十家票号通过其全国各地的分支机构，结交官场，收存官款，资本雄厚，一般只贷给政府和资金信用好的钱庄、账局和个别资金殷实的商号，对效益不好的商家概不放款。也不直接办理现金出纳，而是常常与数家基础牢固的钱庄订立往来合同，把资金交给钱庄来保管。在未设立分支机构的城市，就委托当地的钱庄代理。钱庄一般从事工商业的放款活动，或代理票号业务，以票号为靠山。自从外国银行入侵，钱庄与外国银行建立起了联系，钱庄就产生了第二个后台——外国银行。不过，一旦碰到银行不拆借，钱庄还是回去寻求票号的庇护。

四、晋商与中国近代金融业的发展

因为山西省的简称是晋，所以把山西的商人统称为晋商。在中国金融史发展过程中，特别是在明清时代，晋商曾发挥过重要作用，在中国近代金融业中

一度独领风骚，所以，晋商也就成了一个专有名词，一直流传至今。晋商的发展不仅仅是社会发展、适应时代需要的产物，更是近代文化中不可忽视的重要组成部分。晋商的崛起和发展，既得势于天时、地利，又受益于晋商自身的艰苦奋斗，坚毅顽强，及其受中国传统文化熏陶而形成的为人处世、经商致富的理念。所以，晋商的发展给我们讲述的是几千年来在中国文化影响下的商人前行之路。作为近代金融业的三姐妹，钱庄、账局、票号的产生和发展也与晋商的脚步密切联系着。不仅仅是在传统的钱庄、账局、票号等方面，晋商还在近代金融体系中开辟了很多新领域，如实行股份制、两权分立、防范金融风险、拓展贸易，是他们的勤劳和智慧才促成了中国近代金融体系的形成。然而，清末民初，随着国运日衰、山河破碎，晋商也渐渐走向了衰落，如果说他们的胜利是时代的杰作，那么他们的谢幕也可称为是历史的选择。

（一）晋商的崛起与发展

山西人从很早就开始经商了。这首先得力于山西特殊的地理位置。山西地处黄土高原，位于长城的内侧。它背靠蒙古大草原，北上出大同，经绥远、归化可达恰克图；南接中州河南，南下经开封可通岭南广东；向西走河西走廊可达新疆、中亚。可以说是位扼通衢，连接南北，承东接西，地理位置十分优越。山西还有着丰富的物产资源和发达的手工业，这些都为晋商的崛起提供了物质基础。另外，山西地处中原，深受儒家文化的影响，百姓大都头脑灵活，善于

变通。

先秦时代晋南一带就有了商业交易活动。晋文公称霸时，榆次、安邑就已成为有名的商业集镇。秦汉时代，太原、平陆、平遥、汾阳等地已成为重要商品集散市场。唐朝定太原为北京，使太原城成为商业繁华的名城。尽管如此，这一时期的山西商人还没有形成一定的组织，突出的地位。

到了宋代，山西商人与徽州商人并称，成为当时中国商业的中坚力量。北宋王朝所需要的战马大多数依靠北方的辽来供应，辽国也亟需宋的手工业品。山西就成了辽宋商品交换的集散地。

从明代到清代初年，山西商人的势力得到进一步发展，晋商真正发达并开始影响全国也是从这时开始的。明代全国较大的商业城市有三十三个，山西就有太原、平阳、蒲州（永济）三处。明代末年，山西商人已进入了东北地区，1618年努尔哈赤占领抚顺时，命令在抚顺的山西商人退回山海关内，可见当时山西商人已经和后金进行着贸易活动。清兵入关后，蒙古地区归清王朝统治，归化城商业开始蒸蒸日上。康熙年间，山西商人进入外蒙古草原贸易。从此，东北的松辽平原和内外蒙古草原，都成为山西商人贩运贸易的新市场。当时，蒙汉贸易必须经过张家口和杀虎口（后改归化城），俗称东口和西口。张家口的八大商号都是山西人；在对蒙贸易的西口——杀虎口，山西的行商经常在大青山和西营一带贸易，并得到清政府的特殊照顾，获得了很高的利润。

晋商渐渐把经营的规模扩大到了全国甚至是国外市场。有很多晋商都能用蒙语、维吾尔语、哈萨克语同少数民族和其他省的商人进行贸易。可以说，全国各地到处都有晋商的足迹，他们在近代贸易中占据着绝对的位置。除了国内贸易外，山西商人还开拓了国外市场，我国从陆路对俄贸易最早最多的是山西人，在莫斯科、彼得堡等十多个俄国城市，都有过山西人开办的商号或分号。在朝鲜、日本，山西商人的贸易也很活跃。甚至欧洲市场也有晋商的身影。就像旧时曾有人说的："凡是有麻雀的地方，就有山西商人。"

（二）晋商与钱庄、账局、票号

近代以来，中国的金融业得到了长足的发展。而近代

钱庄 账局 票号

67

最主要的金融业机构钱庄、账局、票号的产生和发展都是和晋商的经营分不开的。

晋商中开办钱庄的人占很大一部分，而且具有相当的影响力。据当时《察哈尔省通志》经济类中所说"金融枢纽，操于山西钱商"，就反映出了当时晋商在钱庄界内的重要地位。造成这种影响首先是由于晋商开设的钱庄数量多。在山西，晋商的钱庄几乎是垄断性质的，即使是在竞争激烈的京师，晋商的钱庄也占多数，清朝的一位御史曾记载："京城内外，钱铺不下千余家，而营者多为山西人。"此外，晋商还注意到了行业组织的重要性。早在乾隆年间，归化城就组织起了钱业行会，后来，各山西的钱庄行会组合成了行社，名叫宝丰社，社内最高的执行领导称总领，由各钱庄轮流担当。这以后，宝丰社便充当了调节行业内行商运作的角色，成了钱庄界的龙头行会，发挥着对当地经济进行调节的功能。

账局的产生、发展与张家口的开放有着密切的关系，而张家口又距离山西最近，这就为晋商的经营提供了更大的方便，而此后山西人更是把账局的业务发展到了全国。从现有的资料记载来看，第一家创办于京城的账局"祥发永"，就是一位名叫王庭荣的山西汾阳商人在乾隆年间创建于张家口的。尤其是在对恰克图的贸易中，账局起到了很大的促进作用。

在山西晋商所有的货币经营资本形式中，最著名的是票号。在票号产生及发展的过程中，晋商功不可没，正是由于晋商的天才创造，中国的票号才得以产生。在票号产生以前，商人外出采购和贸易全要靠现银支付，在外地赚了钱捎寄老家也得靠专门的镖局把现银运送回去，不仅开支很大，还费时误事，而且经常发生差错。这就迫使外出经商的山西商人不得不寻求新的办法。加之晋商拥有雄厚的资本，"百十万家资者，不一而足"。票号的建立需要广布分店，需要拥有大量的周转资金，晋商则具有了提供这种条件的能力。而且由于社会动荡不安，原有的保镖押运方式，已经无法保证资金的安全，这也促使了头脑灵活的晋商寻求新的方式来调配资金，以使其经营得以继续。在其日后的发展中，晋商也起到了决定性的作用。晋商创立了一整套的员工选拔管理体系，在经营中注重创新，不断改善经营方式，促进票号的发展。清朝后期，社会发生巨大变革，票号也随着晋商的衰落而慢慢淡出了历史的舞台。

其实，无论是钱庄、账局还是票号，它们的命运都和晋商息息相关。晋商的每一个举动都可能对金融界的发展产生巨大影响。

（三）晋商精神与经营之道

"穷则思变，艰苦创业。逐利四海，开拓进取。振兴民族，忠义爱国。组帮结会，同舟共济。信誉至上，诚信守义。尊师重教，以人为本。勤奋谨慎，俭约自律。乐善好施，热心公益"。这是对晋商精神最全面的阐释，也正是由于有这些精神，才使得晋商在竞争激烈的商界一直处于独特的地位。晋商精神及晋商在竞争中得以取胜的经营之道主要有以下三点：

1. 进取精神。

"天下熙熙皆为利来，天下攘攘皆为利往"。由利益而趋动的进取精神，是明清山西商人鏖战于商场的最初精神动力。清代文人纪晓岚说："山西人多商于外，十余岁辄从人学贸易，俟蓄积有资，始归纳妇。"这就是说，事业不成，甚至连妻子也不娶。可见山西人是把经商作为大事来看的，他们通过经商来实现其创家立业、兴宗耀祖的抱负，而这种观念正是使其在商业上不断进取的极其巨大的精神力量。

山西商人的进取心还表现在强烈的开拓精神上，"天行健，君子以自强不息"。有许多山西商人就是靠这种自强不息的精神，白手起家而成大业。如著名的大盛魁商号，其创始人之一的山西太谷人王相卿，幼年家贫，为生活所迫，曾为人佣工，在清军费扬古部充伙夫，服杂役。后来开始从事贸易，先是肩挑负贩，拉骆驼，几经磨难，终于白手起家，到雍正时大盛魁已经是一家具有相当规模的商号了。

山西商人的进取精神还表现在他们不畏艰辛，敢于冒风险。他们曾经拉着骆驼，走沙漠，冒风雪，犯险阻，不畏艰辛，坚韧不拔。山西商人在清代开辟了一条以山西、河北为枢纽，北越长城，贯穿蒙古戈壁大沙漠，到库伦，再至恰克图，进而深入俄境西伯利亚，又达欧洲腹地彼得堡、莫斯科的国际商路，这是继我国古代丝绸之路衰落之后在清代兴

起的又一条陆上国际商路。西北新疆伊犁、塔尔巴哈台等地也是山西商人的活跃之地。总之，只要是有人的地方就会有山西人在经商。但行商的过程中，不仅要经历天气环境之险，而且还常常遇到盗贼抢掠甚至丢失性命。可他们从不因此而退缩，甚至有一些晋商还练就武功来防身。

2. 敬业精神

晋商的敬业精神，也常为人所称道。晋商都主张在一生中始终要勤奋、刻苦，为事业尽心尽力。在封建社会，传统的观念是重儒轻商，但明清山西商人却不这样看，他们认为商和士农工是同等重要的事业，都是本业，同样要敬。山西人重视教育，从小便接受儒家的经典教育，很多晋商曾经都是科举中的才子，但他们却更锐意商业经营，从而形成了一个具有相当文化的商人群体。也正是由于他们把儒家教育的诚信、仁义、忠恕精神引入商界，从而才有了晋商经营的繁盛。可见，把商业作为一项终身的崇高事业来对待，正是山西商人经商取得成功的重要因素。

山西人的敬业精神还体现在他们工作时的谨慎上，这并不是说他们不敢经营大的业务，恰恰相反，他们对大业务抓得更紧。但他们不轻易冒风险，不打无准备的仗，而是在充分调查了解情况的基础上，才拍板成交，以避免不必要的损失。以放款来说，这是山西票号的一项重要业务，但又有风险，他们在详细调查放款对象资产、用款目的、还款能力、财东情况等的基础上，才决定放款与否。有的票号对用款户透支数额还作了明确规定，这些规定都是出于谨慎行事的目的。

3. 群体精神

山西商人在经营活动中很重视发挥群体的力量。他们用宗法社会的乡里之谊彼此团结在一起，通过用会馆维系和崇奉关圣的方式，增强相互之间的了解，通过讲义气、讲相与、讲帮靠，协调商号间的关系，消除人际间的不和，形成大大小小的商帮群体。

山西商人的这种商帮群体精神，首先来源于家族间的孝悌和睦。山西人都注重对思想道德的教育，因此，他们在很小的时候便形成了和睦、团结的群体

中国古代金融与商业

意识。等投入到商业活动中后，随着山西商人活动区域和业务范围的扩大，商业竞争也愈演愈烈，于是山西商人从家族到乡人间，逐渐形成了"同舟共济"的群体。尤其是在清后期，山西票号在国内八十多个城市设立了分号，从而形成了一个汇通天下的汇兑网络，也是以乡人为主体形成的山西商人群体。正是由于他们的群体合作，才使得晋商几乎垄断了近代的金融业务。

（四）晋商在近代金融业中的作用和影响

曾称雄于中国商界的晋商，进入近代以来，又因其善营票号而辉煌了半个多世纪。虽然出于种种原因，晋商无可奈何地衰落了下来，但是，却在中国近代金融业发展上发挥过重要作用，在中国近代金融史上留下了不可磨灭的一页。关于晋商在金融体制、运营机制上的一些创新之举，及其在经营中所反映的一些传统文化而形成的优良作风，不仅在当时给人们留下了深刻的印象，而且对后世也产生了深远的影响。

首先，晋商促成了中国近代金融体系的形成。在商品经济日益发展的情况下，随着商品流通的加快，商业活动的范围也不断扩大，原有的印局、钱庄、账局等货币经营方式已远不能适应新形势的要求。于是，晋商们对旧有的货币经营方式予以改进，在钱庄、账局的基础上，创立并发展了票号这一新的方式。票号的创立，把新的货币经营方式的优越性很好地发挥了出来。在票号产生后，晋商又继续发展票号，并不断吸收国外先进的货币经营模式，以致旧有的方式不得不逐渐退让。这样就使中国近代金融市场在经营方式上基本趋于统一，并日益走向规范，从而为中国近代金融结构的改变、经营方式的更新，奠定了基础，也为中国近代金融体系的建立创造了必要条件。

晋商垄断了国内汇兑和放款业务。在晋商创办了票号之后，晋商在全国的汇兑业很活跃，除了在资金储备和信誉方面有优势外，晋商还在全国很多大的商埠设立自己的分支机构。晋商还加强和政府的联系，包揽了公款的汇兑。与此同时，山西的票号还进行着

大笔的存放款业务。更重要的是清政府为了适应国内外军事政治斗争形势的需要，不得不把财政的权力下放，这就使得各大官员能够"便宜行事"，而晋商和官员建立起来的联系，也为票号的大行其道创造了条件。在这种情况下，国内的汇兑和存放款几乎都被晋商经营的票号所垄断，可以说晋商在一定程度上决定着近代金融业的发展。

晋商还支持了中央政府的军政费用。晋商对中央费用的支持主要体现在借垫军饷、踊跃捐款、捐纳等几个方面。晋商的票号实际上是起到了国家金库和银行的职能。尤其是清代中后期，晋商通过票号或捐款等形式为国家解决了很多问题。

（五）晋商衰落的历史反思

自明朝中叶兴起的晋商，在清道光年间创设票号后，又在中国金融界活跃了半个多世纪。此后，票号便逐渐走向衰落。晋商的衰落，其原因是多方面的。从晋商的渐渐衰落，我们更能了解中国近代金融及国家发展的轨迹。

1. 国家命运的日渐衰落，极大地影响了晋商的命运。晋商从进入清朝以来，得到了空前的发展，这除了晋商自身的奋发图强外，客观上一个很重要的原因，就是当时国家的昌盛为它提供了比较广阔自由的活动空间。但当清朝进入了全盛以后，也陷入了一种自我陶醉的自闭状态和人为的与世隔绝，既无视西方国家的迅速崛起，也没有察觉到西方入侵、瓜分中国的野心。于是，列强用坚船利炮打开了中国的大门，鸦片战争后，中国国运日衰，越来越陷入被动挨打的地位。国家命运如此，其他各行业的命运又怎能无恙？加之晋商的票号和朝廷紧密联系，在国家主权被破坏、贸易不公平、国家百业凋敝的情况下，晋商也越来越被动，只能一步步地走下坡路。另外，在国力衰落的情况下，政府对商人肆意压榨，也是山西商人走向衰落的一个重要因素。

2. 帝国主义的经济入侵，加速了晋商的衰落。晋商的兴起乃至走向全盛，其根基主要在于商业，正是其商业资本的积累，以及社会商品经济的发展，才能使票号在此基础上建立和兴起。可是鸦片战争后，使晋商已占有的商品销售市场和商品来源基地日益缩小。国内商品市场的不断萎缩，也必然使其用于商品流通的资本减少，从而影响了票号的业务。列强除了在华大量倾销商品，还企图控制中国的金融业。从 19 世纪 70 年代开始，在华的外资银行利用其设备先进及办事效率高、汇兑费用低的优势，将原来靠票号汇兑的商家争夺到了自己的名下。可见，帝国主义的经济侵入也加速了晋商的衰落。

3.晋商自身的局限性。在外部环境剧烈动荡的情况下，旧有的商业模式已被打破，只有加快改革，适应潮流，才是求得自身发展的途径。但是晋商不但没有大胆创新、寻求新的生存之道，反而固步自封、墨守成规，以致多次失去改革的机会，使自身的发展陷入了僵局，并最终失去了原有的光环。而且，由于深受儒家思想的影响，很多晋商都有着"以末致富，以本守之"的传统观念，外出经商致富后回家盖房置地养老少的观念浓厚，这种情况下，晋商的资本严重流向本地，更是阻碍了他们的发展。

五、钱庄、账局、票号对中国历史发展的意义

钱庄、账局、票号的出现是近代中国金融业发展的里程碑，是当时金融体系中最重要的组成部分。它们的产生与发展有着深刻的时代背景，而它们的出现又对中国历史的发展产生了巨大的影响。不可否认，它们都曾共同推动中国近代金融行业的发展，为近代商品经济的发展作出了巨大贡献。作为一个时代特有的产物，它们与当时的统治阶级、外国来华势力既相互扶持又相互抗衡，此消彼长，共同书写着中国近代民间、官府与列强势力的斗争风云。在近代的风云中，一次次的起义革命对旧式的体系不断冲击，在这一过程中，钱庄、账局、票号又与中国近代的太平天国、辛亥革命的发展相联系。它们的历史不仅仅是近代经济金融的发展史，更是近代风云迭起的缩影，当我们今天再次回首它们时，呈现在眼前的还有在中国古代传统文化的影响下人们的行为活动，以及深嵌在他们脑海中的传统观念和新观念的相互作用。钱庄、账局、票号又都是近代文化的重要组成部分。

（一）钱庄、账局、票号对近代经济的影响

钱庄、账局和票号的产生在近代历史上有着重要的意义，推动了整个近代史的发展。

首先，它们是近代金融体系的支柱。虽然在钱庄、账局、票号产生之前，中国封建社会就有了例如当铺、印局等早期金融机构，但是它们都带有封建社会的剥削性质，而且并不具有金融行业的三大基本业务，即存款、贷款、汇兑。钱庄是以货币兑换、信贷活动为主要业务；账局主要是经营存放款，票号的主要业务是异地款项的汇兑。也就是说，在钱庄、账局、票号全部产生之后，我国已经具备了近代金融的全部特点，中国正式进入了近代文明的金融体系。

钱庄、账局、票号共同促进了商品经济的发展。中国在明清以前几千年的封建社会里，一直都是自给自足的封建自然经济占主导，商品的交换和流通并不是很广泛，因而不需要专门从事兑换、异地汇兑等业务的金融机构。明朝中后期，资本主义萌芽开始产生，商品交换的规模和范围逐渐加大，这就要求金融行业有与之相匹配的经营活动，于是钱庄、账局、票号等近代金融组织应运而生，它们是商品经济发展的产物，然而它们的产生又促进了商品经济的发展，加速了自然经济的解体。有了这些专门从事金融服务的机构，商业流通得以流行和广泛传播，尤其是远程贸易交换。存放款业务的开办也为商业经营提供了资本，扩大了经营的范围。钱庄、账局、票号对于近代商品经济的影响是深远的，它们使得中国的商业发展进入了现代文明，推动了社会经济的繁荣。

钱庄、账局、票号还促进了中外经济的联系。中国商品经济的发展开始时仅限于国内少数几个经济发展程度较高的城市。随着钱庄、账局、票号业务内容和范围的扩大以及外国经济势力的入侵，经济交流的范围也逐渐扩大，中外交流更是达到了前所未有的程度。外国银行资本充足、经营管理先进，因此很多中国金融机构都和它们有着业务往来或是其他的交往，这既是中外联系加深的表现，同时也促进了这种交往。外商通过投资在华的钱庄、账局、票号参与到中国的商业运转中，和很多行业的大商家都保持着密切的关系，这样，中外的贸易发展也就一步步加深了。

(二) 钱庄、账局、票号与近代战争革命风云

钱庄、账局、票号是近代社会发展的产物，它们的发展轨迹能反映出那个时代的发展状况。鸦片战争以后，外国列强纷纷侵入中国，国内的革命起义也是风起云涌。近代战争革命风云给钱庄、账局、票号带来了不同的机遇是挑战，改变了它们的发展进程。

鸦片战争的战败使清政府不得不担负约七千万元的军费和两千一百万元的赔款。其实，在此之前，清政府的财政已经很拮据了，巨额的战争款项无疑是雪上加

霜，清廷只得实行通货膨胀和大量铸造大钱，发行官票、宝钞等钱票。这些措施客观上增加和发展了钱庄等金融机构的业务，并且清政府也曾向它们贷款以填补财政漏洞。这些在一定程度上促进了钱庄、账局的发展。有很多的钱庄、账局就是在鸦片战争后才产生的。

太平天国战争爆发以后，清政府的财政危机状况超出了常人的想象。而且，当时国内南北各地道途阻塞，现银运输非常困难，于是清政府的饷银、赋税、丁银等大宗汇银，统统交给了当时的金融机构来经营代理，尤以与政府联系最为紧密的票号为甚。另外，当时的金融机构还承担起了为战争提供贷款来剿灭反贼的任务，所以，它们无形中也参与到了平定叛乱的队伍中。虽然战争使得正常的生活和商业经营遭到了打击，一些小的或在战争冲突较为激烈城市的金融机构因此而倒闭，但很多商家却因此获得了发展的机会。太平天国运动对于近代兴起的金融机构可以说既是挑战，也是机遇。

虽然近代每一次战争或是革命都给钱庄、账局、票号等近代金融机构带来了不同程度的影响，但对它们发展影响最大的仍然是推翻我国最后一个封建王朝的辛亥革命。经过了辛亥革命的冲击，清王朝结束，原来和票号等商家联系紧密的官僚势力也纷纷被打倒，因此旧有的金融机构也就失去了依靠，随之丧失了大部分市场。不仅如此，在这次革命中，革命军还对很多封建旧制度进行了改革，旧式的金融体制当然也在他们的革新之列。就这样，辛亥革命之后，票号等金融机构大多急剧衰落，虽然后来几经挣扎，力图重振旧业，但都成效甚微，最终都无可奈何地走向没落。

（三）钱庄、账局、票号所反映的中国近代文化

钱庄、账局、票号是我国近代金融行业的三大支柱，它们的产生和发展都是近代经济乃至社会文化的集中体现，透过它们也许我们能更清楚中国近代金融业的发展。

中国自古重农抑商，但是近代却兴起了钱庄、账局、票号这样的专业金融

机构，可见当时的商业发展已经达到了一定程度。而这恰恰也说明当时人们重农抑商的观念已经有所改变，人们开始希望用自己的方式致富，不再靠天吃饭，商人的地位也开始逐渐上升，各城市间的交流也渐渐扩大，这时的中国才慢慢成为一个有机的整体。

从钱庄、账局、票号的经营之中我们也能窥见近代的商业文化。我国自古以来就尊崇儒家文化，儒家的中庸仁爱思想渗透于社会的各个方面。钱庄、账局、票号的经营者往往最重诚信，他们很多都宁愿自己赔钱也要保住信誉，因此，在金融界存在着很多中外驰名的百年老店；在竞争之中，各商家也大都严守着公平竞争的原则，由行业商会来协调竞争中的矛盾；他们的运转管理大都采用股份制，很多是家族成员或是亲密的朋友，这也是儒家和谐合作思想的体现。虽然如此，但钱庄、账局、票号依然没有摆脱封建的性质，它们往往和封建政府相勾结，和官僚保持着紧密的联系。这也是近代商业经营的一大特点：既保留着封建的性质，也产生了近代资本主义的因素。

钱庄、账局、票号虽然在近代历史上只存在了不到百年的时间，但是它们却和近代的发展紧密相联，是近代商业中一抹绚丽夺目的色彩。今天当我们再回首来审视它们时，依然有很多精彩等着我们慢慢发觉、品味……

钱庄 账局 票号

当铺与质库

　　我国的当铺历史十分悠久，早在千年以前的汉代，典当这种行为就已经出现在人们生活中了，只是那时还处在萌芽时期，并没有后世的当铺那样发达。典当业到了宋代，由唐代的专营与兼营并立，逐渐向专营发展，正式成为了一种行业。这是中国典当业发展史上的又一大变化，也是宋元时期典当业发展的显著亮点。典当行业的形成和确立，是宋元时期典当业繁荣的结果。

一、当铺史话

（一）宋朝之前的当铺

在我国，当铺的经营历史十分古老，南北朝时由寺院经营此行，叫"质库""质肆""质舍"；唐朝、两宋时期当铺又称"质库""解库""长生库""典

库""典铺""印子库"；元朝的当铺称"解典库""解典铺"；到了明清时期才称为"当铺""典当"，但是这个行业的经营方式和性质从古代延续至今并没有大的变化，所以可以统称为"当铺"。在我国，典当这种行为起源极早，东汉时期的许慎在《说文解字》中提到"质"，意思是说用东西抵押来换钱。显然，"质"就与典当有关了。不过在最初的时候，"质"更多用在政治领域，如把与自己有重要关系的人留给他人做人质，作为一个重大承诺增加信用。如《触龙说赵太后》中，赵太后对于大臣劝她将自己心爱的小儿子送到别国去做人质的建议大为光火，说道："有复言令长安君为质者，老妇必唾其面。"

随着社会经济的发展，人们之间的经济关系复杂化，"质"就慢慢开始演变成为一种以物抵押、换取钱财以解燃眉之急的手段了。在西汉景帝时期，著名的文学家司马相如携妻子卓文君流落到四川成都，因为贫穷无着，就曾把自己贵重的皮衣送到当铺典当了，换了钱买酒。在晋代，《晋书·桓冲传》中记载了一个这样的故事："彝亡后，冲兄弟并少，家贫，母患须羊以解，无由得之，温乃以冲为质。"意思是说：桓冲的父亲去世了，他的兄弟少家里又穷，恰巧在这个时候母亲又生病了，需要吃羊肉治病，没有办法，只好将桓冲押给人家以换取买羊治病的钱。这个故事说明在那个时代，人也是可以用来抵押的。

比较文明的典当出现在南北朝期间，据《南史·甄法崇传》记载："法崇孙彬，彬有行业，乡党称善，尝以一束苎就州长沙寺库质钱，后赎苎还，于苎束

中得金五两，以手巾裹之。彬得，送还寺库。"意思是说孙彬到寺庙当东西换钱，结果在赎回之后发现当初抵押的东西中多出了五两黄金，于是他送还了寺庙。这个故事说明在南北朝时期，已经有寺院在从事当铺经营活动了。另外，《南齐书》中有一个故事也是说寺庙经营当铺生意：公元482年，南齐录尚书事褚渊去世，他的弟弟褚澄把典当在招提寺中的褚渊的一件白貂坐褥、一支介帻犀导和一头黄牛赎回。赎回后，褚澄把太祖高皇帝赐给褚渊的白貂坐褥割开，做了裘及缨，因为这件事冒犯了皇帝的威严，他在次年被免职。实际上，中国的当铺最早就是在南齐（480—502年）的寺院中产生的。那时的寺院，由于皇室和平民都笃信佛教，大量的财富流向寺院，于是寺院把多余的钱财用于典当资本，供人典质物品，代替布施。因此，寺院的钱通常是有增无减的，寺院开办的当铺又叫"长生库"。

当铺自南北朝产生以后，曾一度局限于寺院经济。然而从唐朝起，在中央集权相对稳定的政治条件下，工商业的发展及市场的繁荣，大大刺激了高利贷这一产业的发展。按东主的身份地位和资金来源划分，当铺开始出现多种类型。当时，寺库仍很兴旺，除此之外，还出现了民办和官办性质的当铺。其中民办即由地主商人涉足，而官办又有官僚自营和政府投资两种，从而打破了寺院独家垄断经营当铺的局面。

进入唐朝以后，随着国力的强盛，工商业发展加快，货币需求迅速扩大，这些都为民营当铺行业的兴起创造了有利条件。史家认为，唐时商业多至二百多种，但是，最大的商业是放高利贷的柜坊。"柜坊"就是后来通常所说的当铺。高额的利润不仅吸引富商豪贾的投资，朝中的权臣大吏也私下经营当铺，就连国家机关也用公款办"僦柜"，以增加收入。这样，在唐代，当铺已经不再由寺院独家垄断经营，而形成了官办、民办、僧办几类。民办的当铺一般规模较小，根据从吐鲁番出土的当铺账本记载，当时的当物大多是衣服、织物等物品，当本最低的只有20文，是一条"故白绫领巾"，一般物品的当本也只有50到100文；而长安一斗米要卖三四千文钱。可见民营当铺放当的钱财金额很小，另外一方面也说明去当铺的一般都是家境贫寒的穷人。但

是，显然皇亲国戚、高官显宦所置办的当铺的规模，以及其获得的丰厚利润，是民办和僧办的当铺所难以望其项背的。例如，唐高宗与武则天之女——太平公主，就倚仗她富可敌国的雄厚资本，在家中开设了规模不小的当铺。

在这个时期，由于当铺经营的范围广和其独特的融通资金的作用，所以上至皇家贵胄、士大夫，下至平民百姓，都不可避免地要与当铺行业打交道。大诗人杜甫就在诗中描写自己生活的困窘，常常以典当度日，道："朝回日日典春衣，每日江头尽醉归。"当时唐肃宗收复长安，杜甫在朝廷当官，但是俸禄微薄，也常常陷入要典当衣物才能买酒喝的窘境。白居易也在《自咏老身示诸家属》的诗中写道："走笔还诗债，抽衣当药钱"；在《杜陵叟》的诗中写道："典桑卖地纳官租，明年衣食将何如？"描写了杜陵叟要去当铺典当衣物换钱买药和为付地租而将赖以生存的田地卖光当尽的凄苦生活。

（二）宋朝之前当铺的管理法律制度

在封建时代，中国是中央集权制国家，因此在法制方面表现为"重刑轻民"，因此，对于典当这种民事行为，中国封建社会历代几乎都没有专门法规加以调整，而只是由散见于其他法规中的零星条款予以提及。在唐代之前，虽然各君主为了富国强兵，减轻百姓高息借贷的负担，说过一些希望能够抑制高利贷的话且下过一些命令，但是，从本质上而言，当铺行业并不能完全等同于高利贷。真正接近现代意义的典当和将当铺行业作为一个正规行业记载在正规的、成文的文件中都是始于唐代，因此，至今能够考证到的关于当铺的管理法律制度也是始于唐代。

唐太宗贞观年间（627—649年），宰相房玄龄根据唐太宗的旨意，在编写唐朝的法律《唐律疏义》时，第一次以国家法令的形式明确规定了利息的幅度："凡质举之例，收予不得逾五分，出息过其倍，若回利充本，官不理。"意思是说，即规定典当业的存息不得超过5%，也不得放息超过10%，政府也不允许利

中国古代金融与商业

滚利。根据《唐会要》记载，长安元年（701年）武则天规定："负债出举，不得回利作本，并法外生利。"意思是不得利滚利。唐玄宗在开元十六年（728年）下诏，对放款月利率做出了规定："比来公私举放，取利颇深，有损贫下，事须厘革，自今以后，天下负举，只宜四分收利，官本五分收利。"意思是说，之前由于政府和民间对于典当业都有经营，利润也非常丰厚，这样一来就损害了贫苦老百姓的利益，以后对这样的情况要加以避免。从今以后，民间的典当业获利不得超过4%，政府从事典当业利润不得超过5%，从而进一步限制了高息放贷的暴利行为。另外，朝廷还多次颁发诏书禁止大臣以政府的名义从事典当业与民争利的行为，否则将追究大臣们的责任："如闻朝列衣冠，或代承华胄，或职在清途，私置质库、楼店与人争利，今日已后，并禁断。仍委御史台，察访奏闻。"即禁止皇家贵胄和朝廷大臣私自开设当铺，与人争利。为了查访这种违法行为，朝廷还专门委任御史台进行调查举报。在《唐令拾遗》中，对唐代在当铺经营方面的规定记载得更为详细："诸公私以财物出举者，任依私契，官不为理。每月收利，不得过六分；积日虽多，不得过一倍。……收质者，非对物主，不得辄卖；若计利过本不赎者，听告市司对卖，有剩，还之。如负债者逃，保人代偿。"意思是说，以动产作为典当的物品到当铺进行交易的话，交易自由，但月息不得超过6%；典当期限再长，也不得超过一本一利。同时，当铺也只有在利息超过本金时才可以向当地政府请求变卖质押物品受偿，且变卖当物超过当初支付给当户的当款的，超过部分必须返还当户。

在安史之乱后，为了解决国家财政收入入不敷出的问题，唐德宗在建中三年（782年）下令：由政府出面，向所有在京师长安开业的当铺"借钱"，其实这就是对当铺行业进行的变相收税。唐德宗规定，向每户典当机构收取它们资本金的四分之一，这次税收政策的施行，政府一共取得财政收入100多万缗钱。可见，在唐代，仅在长安地区，当铺行业的资本金就应该在400多万缗钱以上，占当时国家全年财政收入的三分之一以上。因此，可以说在当时，当铺行业就已经成为最大的商业行业。

当铺与质库

二、宋、金、元时期当铺行业的发展

（一）宋代当铺行业的发展

中国的当铺行业经过了唐五代的发展，积累了大量的资本和丰富的经验，于是，从宋代开始，当铺行业就进入了黄金期，这不仅表现在出现了繁荣的局面，而且在职业分类上，当铺经营成为一个独立的行业；在资本来源上，分为官办、僧办和民办，呈现出势均力敌的局面；在经营范围上，经营的方式和范围更为多样化；在抵押物的种类上，物品的范围也有所扩展，这些都标志着中国的当铺行业开始走向成熟。

1. 当铺经营成为一个独立的行业

（1）当铺经营作为行业的出现

在宋朝，也有官办的当铺。如北宋时，由政府所设置的当铺，又称为"抵

当免所"，又叫"抵当库""抵库"。不仅如此，朝廷还积极鼓励官府开办当铺，如崇宁二年（1103 年），徽宗还下诏，要求多将官办典当行设置在集镇，因为这些地方"井邑翕集"，属于经济发达、商业来往密集的"商贩要会处"，能够保证充足的客源，从而生意兴隆。这说明，在这个时期，连中央政府都极为重视当铺行业的经营和发展，甚至自己也参与从事这一行业，把当铺经营看成一种正式而且正当的行业。

当铺经营在宋时成为一种正式行业，从称呼上也可以表现出来：如当时的北方人将以物质钱的行为叫做"解库"，而江南人则叫"质库"，对于寺院开办的当铺叫做"长生库""普惠库"。在《宋会要辑稿》中的"刑法"条款中，就有对这个行业的规定，并称这个行业为"典当质库"业，这说明，此时我国已经开始用"典当"二字作为当铺经营这个行业的称呼了。在这个时期不仅出现了专门的正式行业称呼，而且还出现了历史上最早的行业招幌，即广告。在北

中国古代金融与商业

宋画家张择端的《清明上河图》中，赵太丞家对面的巷中有一座当铺，当铺的门口挂出一个大大的"解"字招牌，这就是当铺的标志和广告。

（2）当铺行业"行业制服"的出现

随着都市经济的发达，当铺的经营不仅形成了一种独立的专门行业，还有了本行特定的"行业制服"。宋代的孟元老在其《东京梦华录》卷五中记载说："杭城风俗，……且如士农工商、诸行百户，衣巾装着，皆有等差。……质库掌事，裹巾着皂衫角带。"依照风俗，当时的士农工商，百行百业，服饰（行业制服）都是有特色和差异的，当铺掌事的装束应该是穿皂衫、角带，并以布条束住头发的。如果说这只是当时的风俗习惯而已，那么，在宋建炎年间（1127—1130年）高宗的敕令更有说服力和法律效力。当时，朝廷为了融通资金，救济流亡，稳定社会，偏安江南，乃采取特殊措施鼓励典当业发展，高宗规定：凡是开设当铺的人，可以授予"朝奉郎"的官衔，跻身仕途，并且可以穿着皂衫、角带、不顶帽的装束，还免除他们的赋税徭役。这种优厚的待遇，不仅说明当时的朝廷支持当铺的开设和发展，也说明朝廷认可这一行业的"行业制服"。

2. 宋代当铺行业三足鼎立的兴盛局面

（1）僧办当铺的复兴

自南北朝以来，历朝历代的封建君主和百姓几乎都笃信佛教，寺院经过了这百年的蓬勃发展，在财富的积累上已经登峰造极。但是，继北魏太武帝、北周武帝之后，唐武宗、后周世宗等也进行了大规模的灭佛运动，佛教的势力受到巨大打击，寺院所经营的"质库"也纷纷倒闭，僧办当铺一度消沉。

进入两宋后，佛教再度兴起，随之而来的是寺院单购行业的复兴。《澹庵集》中记录到：四川的僧人宝觉图迟大师在修葺寺院后，"又以钱二十万为所谓长生钱"；在资金的来源上，还有民间资本借贷给寺院，支持寺院当铺行业的再度兴旺发达。《夷坚志》中记载到：建

昌的官员范苟，为了娶妻，借贷十千钱给资圣寺的长老用作开设当铺的资本，以赚取利息。由此可见，在宋代官办和民办的当铺已经颇为发达的情况下，寺院的当铺经营活动也复兴起来，十分活跃，仍旧是支撑寺院经济的主要方式。

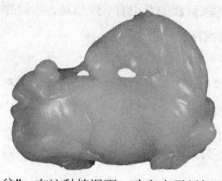

（2）官办当铺的发展

寺院的"质库"继续与民争利，但是，由于宋代的财政支出相当庞大，除去送给辽、西夏、金的岁币外。官员的俸禄也是不小的开销，加上庞大的军费和应急储备，到了后期便出现了入不敷出的问题，以至于被一些学者讽刺地称为"积贫"。在这种情况下，政府出于缓解财政压力的需要和利益的驱动，也开始参与经营当铺，并且，因为资本的雄厚和利用得天独厚的政治优势，其影响与规模均超过了寺院的当铺。当时，官府经营的当铺叫做"抵当所"或"抵当库"。北宋时，官府还特别设立了一项费用，叫做"公使钱"，其中有很大一部分就是作为经营当铺的资本。崇宁二年（1103年），皇帝还诏令各府界和各县在交通枢纽和商贩聚集的地方开设当铺，于是，官办当铺遍布各地城乡集镇。《宋史·仁宗纪》中记载："天圣六年九月，诏河北灾伤，民质桑土与人者悉归之，候岁丰偿所贷。"意思是说，天圣六年（1029年）九月，河北受灾，皇帝下诏说之前百姓抵押给当铺的桑树和土地等生产资料都要归还给百姓，等到来年丰收的时候，百姓再向当铺归还赎金。

（3）民办当铺的繁荣

宋代广南西路化州城，是一个很偏僻的地方，然而，在这里当铺就有十户之多，可见当时民办当铺的繁荣景象。到了南宋，在都城临安，仅府第富豪之家开设的当铺就不下数十处，抵押物品更是价值连城，民办当铺的经营管理形势一片大好。

可以看出，宋代典当业的经营资本呈现出官办、民办和僧办三足鼎立之势，而且由于政府的鼓励和支持，这个时期官办当铺的发展非常迅速，一时形成官办当铺遍布各地大小城镇、市集的繁荣景象。

3. 宋代当铺经营范围的扩展

由于商品经济有了进一步的发展，社会对货币流通的需求量日益增加，但在川蜀一带，大量铜钱还被融化来铸造佛像，因此，北宋年间铜钱奇缺，政府不得不大量铸造铁钱来缓解当时的"货币危机"。当时，铁钱比较重，面值又小，流通起来十分不便，于是，川蜀16家富商联合起来发行称为"交子"的纸币。宋仁宗天圣元年（1023 年），朝廷发现发行纸币有利可图，于是决定将"交子"的发行权收归官办，并改名"钱引"，在全国范围流通。随着纸币的出现，原来唐代兼营相当于后世钱庄、保管库性质的"僦柜"（当铺），营业范围也就发生了变化，当铺将原来经营纸币和铜钱兑换的业务独立出来，变成了专业的"兑便铺"。

4. 典当的质物的多样化

在宋代，能到当铺进行抵押的物品，除一般的金、银、珠、玉、钱、货外，有时甚至还包括奴婢、牛马等有生命的物品，而普通劳动人民则多以生活用品作抵押。除此之外，与之前相比，在抵押物的种类上，还呈现出多样化的趋势，如出现了"谷典"，即用谷物抵押在当铺里换钱，以解燃眉之急，这样就可以达到资金融通的目的。具体操作方法是：在粮食收获之际，谷价相对而言会低贱一些，这时粮食商人将买回来的粮食作为抵押物典当给当铺，然后再用所得的钱再去收购粮食，这样循环往复，随当随收，粮食商人就可以在一定程度上充裕自身财力，扩大经营规模，也能使资金周转灵活，也免去了他们需要寻找粮仓来存储粮食的麻烦。而对于当铺而言，收取谷物收益也是十分丰厚的：一方面，能在反复赎当之中赚取利息；另一方面，又能在当期之内转手倒卖粮食，获得差价。总之，对于交易的双方都有利可图，实在是双赢，所以"谷典"很受各方的欢迎，后世的当铺也纷纷仿效，谷物在此后也成为重要的当品。

（二）金代当铺行业的发展

与宋朝同时代的金王朝，虽然历时不久，但是其统治的一方领域的当铺行业却显现出承前继后的活力。金代当铺行业的经营管理及有关法规、政策的实施，显示出对辽、宋经济的破坏和继承；另一方面却有所发展、变革和创新。金世宗专门制定的官营典当管理规则，是迄今见于我国历史文献最早的第一部由政府颁布的较为详细的对当铺行业的管理规则，也是我国典当行业成熟的一个重要标志。据《金史·百官志》记载，金世宗大定

十三年（1163年），金世宗对文武百官说："闻民间质典，利息重者至五七分，或以利为本，小民苦之。若官为库条，十中取一为息，以助官吏禀给之费，似可便民。"意思是说，民间的典当业，利息非常高，有的还用利滚利的手段剥削百姓，百姓深受其害。如果官方能够开办当铺，只收一分利息，既可以赚取政府的开支，又可以造福百姓。于是，金朝政府落实了这个政策，在中都南京、东平、真定等处开设当铺，以流泉为名，各设"使副"一员，进行管理工作。

大定十三年（1163年），政府在开设"流泉务"的同时，还出台了一项有关官办当铺的法规，这项法规是迄今见于历史文献的我国最早而又颇为具体、周详的当铺管理规则：

"凡典质物，使、副亲评会下价值，许典七分，月利一分。不及一月者，以日计之。经二周年外。又逾月不赎，即听下架出卖。出贴子时写实物人姓名、物之名色、金银等第分两、及所典年、月、日、钱贯；下架年、月、之类，若亡失者，收赎日勒合于人验元典官本，并合该利息陪偿入官外，更勒库子验曲物。上等时估偿之物虽故旧，依新价偿。仍委任司佐贰幕官识汉字者一员提控，若有违犯究治，每月具数申报上司。"

这项法规规定，当金应按当物估值的七成折价，即"许典七分"，从而使官办的当铺有了统一的折当比例；利息则为每月一分利息，即1%，这就比当时其他当铺的"重者五七分，或以利为本"要低出许多了；在当期上，则是既规定相比以往延长至两年，又允许再延期一个月，这对当户来说，也比唐宋时期要缓和许多。这项法律还专门提到当票的书写内容，当物灭失后由典当行承担赔偿责任的问题，在设置专人管理典当行、每月向上申报实情、违法必究等规定上也很具有突破意义。由此可以看出，金代是当铺行业和关于典当的法规不断发展和完善的时期。

（三）元代当铺行业的发展

元代的当铺行业延续了唐宋以来官办、僧办和民办共同繁荣的大好局面。

寺院的"质库"，活动仍然十分活跃。元代的《白话碑集录》就提到，当时的寺院当铺就有40余处。在《元典章》卷三三《礼部·僧道教门清规》中也记载道："（皇庆二年江浙行省言）各处住持者旧僧人，将常住金谷掩为己有，起盖退居私宅，开张解库。"意思是说，当时各地的僧人，常常大量地敛财，偷偷建制私人房产，用来开设当铺。又据《元史·顺帝纪》记载，大护国仁王寺所借贷出的钱，就高达26万余锭之多。

在官办典当行的记载中，元世祖至元二十年（1293年）曾以钞5000锭为资本设立公典，称"广惠库"，放贷收息。这说明在元代官办典当机构也十分发达，政府是在继续支持官办典当业的发展。

另外，元代的贵族、商人也大都热衷于经营当铺行业，皇帝还常常以当铺作为对寺院和王公大臣的赏赐。这一时期，回鹘人在当铺的经营活动中表现得相当活跃。

元代的当铺，基本沿用前代名称，称为"解库""钱库"，并由此派生出"解典库"，由于典当放债的利息很高，很多劳动人民无钱赎回抵押物，导致抵押物被当铺吞没，这在元代的杂剧、故事中经常可以见到。这里有一个关于元代当铺的故事：

一天，湘乡县的知县赵景坞正伏案批阅公文，忽然门人通报说，有个外地人要向他申诉事理，便命门人引进。外乡人是个文弱书生，上月赴长沙府赶考路过湘乡，不想钱袋失落。为了不耽误考期，他派仆人把随身所带的银烟壶拿到当铺抵押，考试结束后，便向同乡借了赎金，回到此地取赎银烟壶。可到手的烟壶却变成了铜质的。他大吃一惊，便询问仆人，仆人也觉得蹊跷。书生十分生气，便与仆人一块去当铺论理。岂料店主人矢口否认接受过银烟壶，并诬陷他们有意敲竹杠。书生不服，店主人拿出当票，上面确实写的是铜烟壶。书生无话可说，只得快快离去，事后，又心有不甘，便来找赵知县申诉。

赵知县早就听说当铺店主人有欺人劣迹，便派人传唤店主人到大堂，并埋头只看案卷，对当铺主人不理不睬。当铺主人心中很是奇怪，可又跪着不敢动弹，时间久了，弯腰曲背，很是疲劳，心中更是发慌，一个哈欠，嘴里的牙签掉了下来。

赵知县冷眼一瞥，心中暗喜，问："你嘴里垂下的是什么？店主人回答道："牙签。"赵知县吩咐差役给拿来看看，说："这东西很好，我要仿制一根。"然后他立即起身入内，急忙对差役吩咐了一番。"

差役拿了牙签跑到店主家对伙计说："烟壶的事，你家主人已承认了，派我来取，以这根牙签作为证据。"伙计看到牙签，认得是东家的随身之物，就相信他已经招供了，于是，将银烟壶交出。赵知县把银烟壶放于堂上，叫书生上前辨认，果然就是书生的，于是完璧归赵。

这个故事反映的是当铺经常以各种手段对质物人进行敲诈的现实，但是，由于当时社会政治经济的特殊性，虽然明知当铺对质物人的压榨剥削十分严酷，贫苦的百姓还是不得不与这个机构打交道，因此，当铺行业依旧十分发达。在经历了唐、宋两个重要的发展时期后，元代的典当业规模不断扩大，行业特色日趋鲜明，呈现出蓬勃兴旺之势。在元末明初时期，僧办当铺急剧减少，逐渐退出历史舞台，又因为经济的蓬勃发展，大批商人加入当铺行列，因此民办当铺十分兴旺，并逐渐成为经营当铺的主力军。

（四）宋、金、元时期当铺的管理法律制度

在宋代，因为继承前朝大好的行业形势，当铺行业的发展已经十分发达，加之国家的鼓励和支持，所以在整个宋代，当铺行业发展到了黄金时期。从整体上讲，宋代官府对典当行业的鼓励主要表现在两个方面：一是在政策和政治上的积极引导和诱导；二是对典当业进一步进行法律规范。

在政策和政治上的引导和诱导表现在：宋建炎年间（1127—1130 年），高宗为了融通资金、救济流连失所的百姓、稳定社会、巩固统治，发布了三个鼓励民间开办典当业的政策：一是授予官爵，明确规定只要开设当铺的，就可以获得由朝廷授予的"朝奉郎"的官衔，跻身仕途；二是规范"行业制服"，即准许开办当铺的人穿皂衫、角带，不顶帽，这是官员的服饰；三是免除他们的赋税徭役。这三条措施有力推动了当铺行业的发展。此外，政府还立法鼓励官办

当铺的经营活动，如北宋时期的王安石变法，其中市易法就规定："市易务在太平坊，隶都提举司。召人抵当借钱出息，乘时贸易，以通货财。"

在对当铺的经营活动进行的法律规范方面，《宋刑统·杂律》为了保护贫苦百姓的利益，稳定政治，限制了典当利息，即每月不得超过六分利，即使是典当的期间比较长，也不能超过十二分利："每月取利不得过六分，积日虽多，不得过一倍。"否则："即系违法取利，自不合理索。"宋朝还将当时已经十分普遍的典卖制度加以规范。典卖，又称为"活卖"，就是以物品或人身典当，换取钱财，原来物品的所有人还是拥有此物，在约定的期限内，所有人可以还钱赎回原物；但如果逾期不回赎原物，当铺就有权自行处置该物。《宋刑统·户婚律》专设《典卖指当论竞物业》一章，规定：

第一，"当面署押契贴"，"皆得本司文牒，然后听之"。意思是：典卖必须经过这样的程序：物的所有人与当铺必须双方达成协议，并签订契约，然后经官府批准认可。据考证，宋朝典当田宅时双方必须签合同，而且合同是一式四份的，由双方当事人、纳税机构和县衙各执一份。等到双方缴纳税钱，交割完毕，官府验明入案，典卖才生效。这样，既保证了契税的征收，又减少了民事纠纷的发生。

第二，"诸家长在，而子孙弟侄等不得辄以奴婢、六畜、田宅及余财物私自质举"，"专擅典卖、质举、倚当，或伪署尊长姓名，其卑幼及牙保引致人等，并当重断，钱业各还两主"。意思是，如果家中有长辈当家，不当家的人就不得将奴婢、牲畜、房产、地产等典卖出去，如果卑幼欺瞒尊长典卖这些财产，就要受到重罚。

第三，"应典卖、倚当物业"，必须"先问房亲，房亲不要，次问四邻，四邻不要，他人并得交易"，意思是在条件相当的情况下，典卖财产，首先要问家族亲戚是否要买，亲戚不买就问四邻要不要买，只有在四邻不买的前提下，才可以将财物典卖给他人。

第四，"有将物业重叠倚当者，本主、牙人、邻人并契上署名人，各计所欺入己钱数，并准盗论；不分受钱者，减三等"，论罪定刑，并且要"征钱还被欺之人"。意思是说如果有人将一物同时典卖两个人，就

当铺与质库

91

要受到重罚。

第五，规定了赎回时限是：凡典卖契约保存完好，原业主可在约定期限赎回原物；原业主身亡，其子孙骨肉在世，且"证验显然者，不限年岁，并许收赎"。超过赎典期限，"经三十年后，并无文契，及虽执文契，难辨真虚者，不在论理收赎之限"，可由当铺自行处置。

由于中国自古以农业立国，土地是农业国家最重要的社会资源和最基本的生产资料，因而土地的典卖制度也是影响古代社会治乱兴衰最重要的因素。对土地之典的最早记载出现在北齐（550—577年）末年宋孝王所著《关东风俗传》："帖卖者，帖荒田七年，熟田五年，钱还地还，依令听许。"这里描述了一种在固定期限内回赎的"帖卖"的方式，还未用到"典"字，但与后来典卖土地的制度已经非常相似了。宋代的土地典当交易形式有"典当"和"倚当"。土地和房屋是宋代不动产买卖的主要对象，只转让使用权、收益权而保留土地的所有权和回赎权的"典卖"，称之为"活卖"。在宋代有关田土制度的一些文献中还常常出现"倚当"这个词，如后周广顺二年（952年），开封府拟定指挥："其有典质、倚当物业，官牙人、业主及四邻同署文契。"据考证，"倚当"是一种以土地收益清偿债务的方法，即当债务人无力还债且别无抵当时，可以与债主约定：把土地交债主耕作，以土地相应年限的收成来偿还本息，偿清后收回。为抑制土地兼并，唐宋法律均禁止以田宅折抵有息债务，宋律明文禁止以田宅牛畜抵债（田宅牛畜是债务人的生路），倚当就是在这种背景下产生的。宋代法律常将"倚当"和"典卖"一起进行规定，无论典、卖都必须符合"先问亲邻""输钱印契""过割赋税""原主离业"等要件。

宋代的法律制度除了对典当活动做出上述详细规定外，还对典当当事人和抵押物有所限制，如未经许可的典当，抵押物须归还原主人；寡妇也是不能随便典当物品的，只有在子孙满十六岁的时候法律才容许寡妇典当物品，在《宋刑统》中规定为："寡妇无子孙，若（子孙）年十六以下，并不许典卖田宅。""擅自典卖田宅者，杖一百，业还主。钱主牙保知情与同罪。""诸家长在，而子孙弟侄等不得辄以奴婢、六畜、田宅及余财物私自质举，及卖田宅。"另外赃

中国古代金融与商业

物不得典当，拿赃物典当者，要杖一百，赃物价值比较大的时候还会按盗窃罪处理；公共财产也不得典当，等等。

进入元代后，规范当铺经营活动的法规有所增多。根据《元史》记载，至元六年（1269 年），元世祖下达敕令，规定民办当铺在处理逾期不赎的抵押物的情况下，加收的利息不得过高："民间贷款取息，虽逾期限止偿一本息。"在《大元通制》中又规定："诸以财物典质，……经三周年不赎，要出卖。或亡失者，收赎日于元典物钱上，别偿两倍，虽有利息，不在准折之限。"意思是说：当铺不得违反法律收取利息，在典当期间内抵押物毁损的，当铺必须赔偿；当户逾期不赎，当铺可以收取相应的利息，并且在一定条件下对抵押物进行变卖。

三、当铺的经营习惯

由于关于宋元时期的当铺经营习惯等细节的资料比较少，所以当时当铺的各种风俗和运作程序都无法考证。但是，由于这个行业具有代代继承、沿革的特点，我们或许能从明清时期的当铺经营习惯中，推断出一些宋元时期该行业的细节特点。

（一）当铺的招牌

典当业专门用以作为行业标志的招牌、当幌是独行专有的，可以分为两类：一类是文字招幌；另一类是形象招幌或标志招幌。在迄今所知的典当业的

招幌中，文字招幌先于实物招幌和标志招幌出现，典当中的文字招幌是直接在木牌上写上表现本行业经营内容的"典""质""押"之类单字，然后将木牌挂在墙、屏等醒目的位置，来招揽顾客。

曲彦斌老师的《中国典当史》一书记载：明清时，由于质铺多称为"典当"或"当铺"，在铺门前挑挂两面大书"当"字的木牌，成为一时的行业习惯。另外，当铺在挂招牌的时候要格外小心，招牌不得落地，否则便认为晦气、不祥。

（二）当铺的设施

根据高叔平的《旧北京典当业》记载，为了避免街上的喧闹之声和保护典当财物的人的隐私，维护他们的人格尊严，旧时当铺的大门内，常常要陈列一个足以遮掩成人的大屏风。在对外的营业室，迎门设置柜台，柜台高达一米五六（有的甚至高达两米）柜台高的原因是怕顾客情急斗殴。由于柜台太高，所以在柜台内要设置踏板，踏板有的高四十厘米左右，有的甚至更高，这样，柜

中国古代金融与商业

台里面的人就会比柜台外面的人高出许多。柜台的后面有门，在后门外还有一个照壁，照壁顶部放着一个悬龛，龛内供奉着三尊财神，即赵公元帅、关夫子和增福财神。照壁前设有一条桌，通称大桌，是放置取赎单据（当票）、登录本（花取）等的办公桌，两旁有条凳，以备一般店员休息之用。照壁后面放置一张比通常床铺大而高的木床叫"卷当床"，床头备有成束的麻绳。此种麻绳叫"钱串"，是在整理和叠卷所进的衣物时用的。照壁两边，一边近墙角摆放账桌，账桌后面是宽大的座椅，这就是账房先生（帮账）记账、开当票、签小号、穿号、算账等的办公桌。靠近账桌，另有一张柜橱式的桌子为管钱桌，是管钱的（出纳员）办公之处。另一边设一桌两椅，名曰客座，是经理人座位。踏板上，分左右设置四个高凳，是营业员按等级定座的坐位。此外，柜台外面门楣上挂有"望牌"，两边墙上还挂有"过五牌"和"过半牌"。一般柜房设施都是如此。

（三）当铺的人员

明后期，典当中的职位设置及其分工情况基本成熟。典当行中有"东家""当家""外缺""中缺""内缺""正账""学徒""更夫杂役"等。其中，"东家"是当铺的所有者。"当家"，是东家之下的总管，掌管当铺内外事务，如任用职员、分配工作、查阅账目、评定贵重当品、代表出席当估公会等。"外缺"则专管柜台上营业，又分为"头柜"和"二柜"。"头柜"也称"大掌柜"，如果当品价格很贵，则要请"当家"评定，计算赎当利息的"二柜"即为"头柜"的副手。"中缺"，根据柜台交易，按其唱述内容，负责书写当票，清理当票，将收当物品打包、挂牌等项事务。"内缺"，专管柜台内的事务，内缺共有四个。"学徒"，当铺的学徒虽地位低，却掌管钱财事务，他们每天从账房领取营业资本，支出现款并收受赎当本利，晚上交回账房，此外，还协助包封达传送当品等。"打更"，除巡视执更任务外，可协助包封达安排放置当品。

（四）当铺的行话

明清时期，当铺行业中已经十分流行使用隐语行话，交

易中同事间对相关银钱数字多用暗语代替，由此可见，在宋元时期当铺行业就应该有行话出现了，但是由于历史久远，无从考证，只能从明清时期的当铺行话中推测一二。据曲彦斌老师的《中国典当史》记载，清末民初称袍子为挡风、马褂为对耦、马甲为穿心、裤子为叉开、狐皮和貂皮为大毛、羊皮为小毛、长衫为幌子、簪子为压发、戒指为圈指、耳环为垂耳、烛台为浮图、桌子为四平、椅子为安身、珠子为圆子、银子为软货龙、金子为硬货龙、古画为彩牌子、宝石为云根等等。在王子寿先生的《天津典当业四十年的回忆》中也讲到：数字可以用隐语表示，如"道子"是一，"眼镜"是二，"炉腿"是三，"叉子"是四，"一挝"是五，"羊角"是六，"镊子"是七，"扒勺"是八，"钩子"是九，"拳头"是十。为了将质物贬值，当铺在收进当品的时候，都会将好说成次，将新说成旧，将贵重说成低贱，将完整说成破损，例如：只要是衣服，他们都要说"破"；皮毛则说成"虫吃破光板"；书画说成"烂纸片"；翡翠说成"硝石"等等，而且会在当票上写明，这明显是压榨当户的一种手段，但是如果当户真的是急需用钱，也就只好任凭他们这样做了。

在典当业中，除了流行行话，还使用着一种非语言的标志语，即暗记。如果当户坚持高价，不能达成协议时，他们知道一定要往别家去当，照例把所当的衣物整理包好。但是整理当中，他们会做一些记号，一般是：上身衣服，在折叠的时候，把一个袖子反叠，袖口朝下；裤子折三折；金货用试金石轻磨一下；表类就将表盖微启一点。这样第二家一看，心里就有数了，所给出的当价与第一家不会相差多少。因为当铺给价，都是有一定标准的。

（五）当铺的运作

当铺的业务中，对于抵押品的鉴别、当价规定、放款手续、押品保管、赎当手续等都有比较严密的规定。最受欢迎的当品是衣服、首饰、金银器皿，其次是古玩、字画、杂项、家具等。接受当品的标准是：易于保存，易于转卖。由于对当品只能详细品评，不能损坏，因此鉴别工作比较复杂，也就对当铺经

中国古代金融与商业

营者有很高的要求。因此，"外缺"必须有一定的阅历和丰富的经验，一旦接受假货，当铺就会有损失。

评定当价则是以四条标准来进行的：价值高的当品、易保存的物品、预料必赎的物品、易于出售的物品，都会当价高些，否则，当价就相对要低。在当物的给价方面，一般当物，以现有价值的一半给付当价。

当铺放款的期限，有六个月、一年、二年等，利息一般以月为单位计算，不足一月按一月计算。也有宽限规定，称"顶五过顶"，即一个月后不超过五天，则不计当月利息。

双方达成协议后，"头柜"高声吆喝当品类别、颜色、当价等，同时，另一边已经写好当票，编号登记了。这时，学徒将当款放在桌子上，"头柜"将当品交到后面去保管，然后将当票和当款交给当主就可以了。赎当时，当主持当票交于柜员，柜员唱念字号、品色、当本，然后将当票交正账核对，后交色封达或首饰房根据当票取出当品，交当主检查，无误后由柜员将本利算清，当主付足本利后，可将当品带走。柜员将本利和当票交学徒登记入账。

当铺的会计账簿很详细，名目繁多，分为：万金账、日用账、薪俸账、存款账、估衣首饰账、花取账、管钱账等等。

（六）当铺的行规与行会

在宋代，典当业已经成为一个独立的行业，也逐渐形成了自己的行规和行会。宋人吴自牧在其《梦梁录》中说："凡顾倩人力及干当人，如解库掌事，贴窗铺席主管，酒肆、食店博士、铛头、行菜、过买等等，俱各有行老引领。""行老"又谓"行头"，就是行会组织主事的头目。这句话是说：南宋时，京都临安的当铺中如果要雇佣人力店员，都是要由当铺行会中的负责人介绍推荐的。另外，据宋末元初的赵素所撰写的《为政就要》中记载："司县到任，体察奸细、盗贼、阴私、谋害不明公事，密问三姑六婆，茶坊、酒肆、妓馆、食店、柜坊、马牙、

当铺与质库

解库、银铺、旅店，各位行老，察知物色名目，多必得情，密切报告，无所不知也。"这句话中的"解库"就是当铺，说明当时当铺的行业头目，不仅在雇佣人力店员这种小事情上都要亲自过问，而且还有检察、监督本行业各种事务的权利和职能。显然，在这个时期，当铺行业不仅形成了自己的行会组织，还形成了行业规则。当铺行业行会组织的形成和确立，是宋元时期典当业繁荣的结果。

中国古代金融与商业

四、当铺与宋、元社会

(一) 当铺与宋、元经济

南宋时，商品经济伴随着农业、手工业的发展而迅速发展起来，尽管朝廷极力采取重农抑商的经济政策，但已有不少人改变了以前把商业当作末业的看法，而认为"士农工商此四者皆百姓之本业"。

商业的发展，从当时的商税收入也可以体现出来。宋建国以来，商税收入逐年增加，如熙宁十年（1077 年）以前，各州商税额"四十万贯以上者三，二十万贯以上者五，十万贯以上者十九，五万贯以上者三十，五万贯以下者五十一，三万贯以上者五十九，三万贯以下者七十三"。从这些数字可看出，中小城镇商业开始发展，且大小商人数量不在少数。宋代，大商人的势力比前朝增强，"京城资产百万至多，十万以上者比比皆是"。有的富商，每年向官府输钱五万缗。另外，据《建炎以来朝野杂记》记载，北宋熙丰年间，岁入缗钱六千万，南宋淳熙末年为六千五百三十万缗，略高于北宋。

商业的发展，也从当时的地域上体现出来。当时，临安是南宋的都城，也是政治、经济和文化的中心。从浙江及其他州郡前来的货船，络绎不绝。此外，平江、建康、鄂州、江陵等沿江城市，手工业和商业都很发达。墟市则比北宋更加普遍，仅广东一路就有墟市八百个，它从一个侧面反映了商业的繁荣。

南宋的海外贸易也十分发达。高宗末年，市舶收入岁达 200 万贯，为北宋治平年间岁入 63 万贯的三倍多。

宋代商业发展很迅速，然而在资金周转上，一些商人会不可避免地出现资金短缺，这时，通过将暂时不用的贵重物品典当给当铺的方式，商人们可以融通到资金进行商业活动。因此，可以

说，宋元时期繁荣鼎盛的商品经济是与当铺的功能息息相关的。

另外，宋代发行的纸币——交子的产生，也与典当物品有关。宋人吴曾在他的《能改斋漫录》卷一中写道："物质钱为解库。"《宋史》卷一《食货志》中写道："真宗时，患蜀人（铁）钱重，不易贸易，设质剂之法，一交一缗，以三年一届而换之，谓交子。"交子就是当时的纸币，"一交一缗"由"物质钱"而来，这种"取质库法"即发明钞票之先河。由当铺的经营方式而产生的纸币，使中国在纸币的发行上走在了全世界的前列。

中国古代金融与商业

（二）当铺与宋、元政治

宋代政治最显著的特点就是冗官严重，有人统计，宋朝的官民比例约是1：600，除当代以外，历史上各个时期中国的官民比例只有宋代最高。这与当时朝廷对当铺行业采取的鼓励政策是不无关系的。宋建炎年间（1127—1130年），高宗为了融通资金，救济流离失所的百姓，稳定社会，巩固统治，鼓励民间开办当铺，即只要开设当铺的，就可以获得由朝廷授予的"朝奉郎"的官衔，跻身仕途。一时间，官员的数量激增，给当时的财政造成了极大的负担，而且进一步导致地方财政空虚。

当铺对宋元时期政治的影响体现在对政府财政的支撑上。绍兴十年（1140年），南宋朝廷与金订立屈辱的绍兴和议，宋每年向金纳贡银二十五万两、绢二十五万匹，自绍兴十二年（1142年）开始，每年春季搬送至泗州交纳，这种蛮横的勒索越发加重了当时朝廷的经济负担。另外，在军费方面，宋代也出现了较大的上涨，据考证，北宋初年一个兵士一年的费用只有十几贯，而到了南宋普遍上涨到百贯以上，这种庞大的费用开支也使得当时负担沉重的朝廷在财政上十分吃紧。由于看到开设当铺的巨大利润，朝廷为了缓解庞大的军费开支和沉重的纳贡负担，不得不与民争利，广泛开设官办的当铺，以缓解财政压力。在当时十分危急的政治条件下和十分脆弱的军事防御情况下，官办当铺的经营有力地支持了中央财政，无疑也就稳定了当时的政治局面。

（三）当铺与宋、元社会生活

在经济发达、商业繁荣的背景下，宋元时期的社会习气也产生了一系列转变，以至社会财富的积累发生了显著的变化，这种变化就是崇尚奢侈，商业行为比较广泛，同时，贫苦阶层人民也是非常多的。在这种社会状况的影响下，典当业的发展势头非常强劲。宋代吴自牧的《梦粱录》也记载，在中秋节的晚上，金风送爽，玉露生凉，丹桂香飘，银蟾光满。王孙公子，富家巨室，全都登上高楼，临轩赏月，许多大户人家还摆上丰盛的宴席，在琴瑟铿锵之中酌酒高歌，通宵玩乐。那些住在陋巷破屋的贫穷人家，没钱买酒，即使把家里东西典当了，也要换些酒来，勉强迎欢。

贫苦百姓在急于用钱时，可以将自己的财物典当换钱，以解燃眉之急。据考证，就连我国南宋时期杰出的爱国者、曾任右丞相的文天祥，年轻时也因手头拮据光顾过当铺，并以一只金碗作为抵押物。

典当在给社会生活带来如此之多的方便与好处的同时，也暴露出了弊端，这就是典当人口的陋习。宋元时期，有"典赡"女子为妾的制度。典当妻子的陋习盛行，大多与经济的发展有着紧密关系。"富人典业，贫子典妻。"被典者往往家庭经济贫困，丈夫因病或无业等原因而无力维持生计；而受典者往往已婚无子，家财富足，需要子嗣。苏轼于元祐元年（1086年），就曾在一项奏折中提到，因欠苗，当时卖田宅典妻女的人数不胜数。而《续资治通鉴长编》中也记载，熙宁七年（1075年），由于旱灾和蝗灾频发，百姓质妻卖子。在反映宋朝农民起义的《水浒传》中就对这种畸形的经营形式有所描写。《水浒传》第三十六回写道："宋江不合于前年秋间典赡到的阎婆惜为妾，为因不良，一时恃酒争论斗殴，致被误杀身死，一向避罪在逃。"《元典章·刑部·禁典雇》记载："彭六十为家贫，将妻阿吴契雇与彭大三使唤，三年为满，要讫雇身钱五贯足。"意思是，彭六十将自己的妻子典雇给彭大三使

唤三年，典价是五贯钱。实际上，这就是以典当的名义做出买卖人口的勾当，是封建社会的陋习之一。

（四）当铺与佛教

中国的当铺起源于佛寺，与佛教寺库经营"质库"有不可分割的深刻的文化渊源和历史原因。范文澜先生认为，当铺应当起源于南朝的佛寺。那时，梁武帝笃信佛教，曾三次舍身到同泰寺出家，每次都要公卿大臣凑足一万万钱或两万万钱将其赎回。官僚富豪也竞相把他们的私蓄托僧尼保管，寻常百姓则认为寺院神圣不可侵犯，也丝毫不敢赖债或盗窃寺院财物。此外，政府还给予僧尼种种优待，如免役、免税等。这些都使寺院财产迅速膨胀，堪称"十分天下

之财而佛有七八"。这些财富远远超出了日常开支所需数目，于是，寺院将余钱以抵押的方式有息地借贷给需要接济的人，这样，既可以扩大佛教的影响，又可以稳固地增值财富。"长生库"制度也就产生了。

不过，佛寺大规模地普及典当制度应该是在北魏时期，这段时间是当铺形成的关键时期。北魏时，文成帝笃信佛教，国家和民间大量的财富涌入寺院，寺院的经济基础得到极大的加强。寺院用除去生活开支的余钱为本金，"俭年出贷，丰则收入"，既"救济荒年"，又"出息取利"，其收益纳入僧团的库府"无尽藏"中。当时寺院的借贷，既有质举，又有"举贷"（无须物抵押的借贷）；贷出的既有现金，也有实物（如谷物、杂物）；出贷时既有立契画押的，也有不立字据的（对信徒），利息有高达百分之百的（"倍称之息"），亦有分文不取的（慈善性的）。寺院援用这样的方式，取财于信徒，又"回转求生"于众生，再用一部分钱财供养佛祖，佛祖又普度众生，众生又布施钱财给寺院，"反复回转，无穷尽也"。

在宋代之前，由于灭佛运动的开展，僧办当铺也随之遭受到严重的打击，但在宋元时期，由于佛教的复兴，僧办当铺也就再次兴盛起来，并与官办当铺

中国古代金融与商业

和民办当铺一起，呈现出势均力敌、平分秋色的态势。

　　寺院在开办当铺之初，可能确实有慈善救世救民的初衷，因为创建之初设置有利息分文不收的借贷，但是到后来，从无数皇室贵族、官僚典商们唯利是图、竞相出资开设当铺的历史状况来看，后世的僧办当铺也逐渐发展成为取财生利的工具。宋代的大诗人陆游在《老学庵笔记》中，对寺院从事当铺经营活动的目的表示了质疑："今寺辄作质库钱取利，谓之长生库，至为鄙要。……庸俗所为，古今一揆。"意思是，宋代佛寺纷纷设置"长生库"的目的实际上是为了谋财争利，丧失了佛祖淡薄名利的脱俗之心。事实上，在唐代以前，当铺一直是由寺院独揽经营的。

（五）宋、元文学中的当铺

　　中国典当业的繁荣及其社会作用，是以其同各类社会生活及文化的广泛联系得以充分体现的。鉴于这种联系，必然在不同历史时期的文学艺术作品中有着多角度、不同程度的反映。

　　在元代的文学作品中，反映当铺的内容比较多的，莫过于元明杂剧，如关汉卿的《钱大尹智勘绯衣梦》、秦简夫的《晋陶母剪发待宾》、无名氏的《施仁义刘弘嫁婢》以及元末的《马丹阳度脱刘行首》等等，都描写了当时当铺经营者的财大气粗，可见，当铺行业在当时已经发展得十分繁荣。

　　在《钱大尹智勘绯衣梦》中，作者讲述了一个当铺掌柜家的千金与家道中落的书生间曲折的爱情故事。主要描写的是书生李庆安自幼与开当铺的王员外的千金闰香有婚约，但是由于书生家道中落，这个既势利又财大气粗的当铺掌柜毁约。闰香小姐有意于书生，于是派婢女去送钱物暗相资助书生。不想前往的婢女却被经常到王员外当铺销赃的盗贼所杀，书生蒙冤落罪。后来，开封府尹获神指示捕获真凶，使书生平冤昭雪，与闰香成婚。这一剧本表明当铺也经常成为盗贼的销赃之所。

　　《晋陶母剪发待宾》中描写了晋代陶侃在少年时，想要设宴款待客人却没有钱，于

是就写了一张欠条到韩夫人开的当铺去质了五贯钱。早年丧夫守子的陶母知道后，立即叫儿子去赎回欠条。为了款待宾客，她自己剪下头发拿到街上去卖，正好被韩夫人看见，韩夫人问明原委后，大为感动，非常敬重陶母的品格，将女儿许配给了陶侃。

《施仁义刘弘嫁婢》则阐述了佛教因果报应的思想，讲的是有一个叫刘弘的当铺掌柜，一向逐利蓄财，为富不仁，原本命中注定短寿也没有子嗣。但是由于他做了许多善事，从而延寿又生了儿子的故事。在剧中，刘弘唱到："我本是巨富明儒，开着座济贫的典库，贯满京都，掌着那万万贯的这多财物。"这一句唱词，就点明了当时从事当铺经营活动的惊人利润，而这些利润，都是对穷人加以花样百出的敲诈、剥削而积累起来的，饱含着贫苦百姓的血泪。

在《马丹阳度脱刘行首》中，其中一个主角的职业也是当铺经营者，即富商林员外。他想娶沦落风尘的刘倩娇为妻，却又舍不得休掉与自己生儿育女的妻子，因而不能满足刘倩娇要做正妻的要求。这里描写了一个家境殷实又处于矛盾状态的当铺掌柜的形象。

从以上元代杂剧可以看出，当时当铺经营者的经济财力在诸商贾中是首屈一指的，没有雄厚的财力是无法开设当铺的，而当铺对穷人的残酷盘剥又给他们带来了惊人的财富，同时，也反映出了当铺成为盗贼销赃之处的弊害。这些杂剧，同时从侧面反映了宋元时期当铺行业繁荣兴盛的景象。

中国古代金融与商业

五、当铺的作用

（一）稳定社会民众生活

当铺的出现，缓解了中国封建社会中下层人民的生活危机，因此当铺起到了稳定社会的作用。与现代社会相比，在经济不发达的宋元时期，农民、手工业者等这些生活在社会下层阶级的人们生活是十分困苦的。因此，在青黄不接的季节，或者是出现自然灾害的时期，这些百姓的消费及输纳赋税等就经常要依赖典当。这样，甚至导致了在荒灾之年，当铺行业反而繁荣起来的畸形现象。在后世的有典记载中，乾隆四十八年（1783年），福建福州府闽县"各当遇有荒歉、青黄不接之时，民间多当，不能限制，未免借贷凑本接济，大当直增万余，并所不禁；小典亦积数千或至万余。"

此外，士兵、贫寒官僚、破落贵族、中下层知识分子等也常常因为生活所迫而出入当铺。后世北京有竹枝词云："世家强半久虚空，借贷无门到处同，小押钱来方来米，早餐饿到夕阳红。"又有人无奈地感叹道："十月初冬天气寒，皮裘典尽客衣单，报供几载无消息，魂梦时惊到了班。"

由此推断，当铺经营活动的开展能缓解下层民众的生活危机，从而将尖锐的社会阶级矛盾缓和化，达到安抚民生、稳定社会的作用，这能够在明清的典籍中得到映证。那么在当铺行业已经非常发达的宋、元时期，这个情况就应该十分突出了。

（二）促进货币的流通

当铺出现以后，在原有的货币流通渠道之外，又形成了一个新的货币流通渠道。通过当铺经营运作的整个周期，实现货币流入社会和回笼的全过程。这是因为，东汉初期，佛教传入我国，到三国两晋南北朝以及隋、

唐时期，全国上下都笃信佛教，对寺院施舍大量钱财，这就是一个货币集中的过程。寺院将这些吃穿不尽的巨额财富用于开办当铺，把货币借给社会不同类型的当户，对于寺院来说，一方面可以起到宣传其慈善的作用，另一方面，也可以获取高额的利息；对于社会上的各阶级阶层来说，一方面满足了上层统治阶级税收以及安抚人心、稳定统治的需要，另一方面也帮助了城乡下层人民和小工商业者解决生活困难和融通资金，这就是一个货币流向社会的过程。此后，等到回赎期临近，当户又以回赎的方式将货币返还给"质库"，这一过程又实现了货币的回笼。在没有今天的银行机构实现货币流通的封建社会，正是当铺的经营、运作这样两个过程，代替银行机构的职能形成货币流通渠道。

（三）促进农业、工商业发展

当铺本身就是具有商业性的金融组织，在其典当业务的开展中，也参与了商品交换，所以当铺行业的兴旺发达本身就是商业发展的一种必然结果。

从当铺的功能来讲，它又起到了融通资金，促进农业、工商业经济发展的作用。

我国是一个农业大国，自古以来，大部分人口从事的是农业活动，大部分国民收入都来自农业，在宋代，虽然商品经济发展很快，但是也没有改变以农业为主的状况。农民生活在社会的底层，一般都比较贫苦，在农耕季节，为购置耕牛、种子、农具、雇请人力进行再生产时，许多农民就要依赖典当来取得投资费用。所以在元代之后的明代，熊人霖记述道："更喜天稍暄，絮衣更可质。一以修末招，一以偿佣直。"在清代，也有王有光更全面地总结说："夫佃农岂有两口两腹两肠胃而称横饱乎？自春祖秋，买牛购种，办奎工作，曰借曰赊曰质当，每食不下咽也，何以能饱乎？"在收获的环节上，当铺典当活动的开展对农业的支撑作用也是十分显著的。起源于宋朝的"谷典"就是一个很好的例子。在粮食获得丰收的季节，由于需求有限，粮食的市价也会一降再降，变得十分低廉，这些粮食又不易长期保存，农民受到了极大的损害；另一方面，由于资金有限，粮食商人也不能收购更多的粮食，因此粮食商业也受到了极大的限制。"谷典"的出现，解决了双方的难题，粮食商人可以将手中收购来的粮食抵押给当铺，从而取得资金再去收购农民手中的粮食，这样，农民的粮食卖出去了，粮食商人也获得了利润。同时，当铺既可以在粮食商人回赎粮食时赚取利息，又可以在粮食商人逾期不回赎或典卖粮食之后再转手将粮食卖出，从而赚取中间的差价，这样，就是一举三得。"谷典"的出现既促进了宋代农业的发展，又促进了宋代商业的发展。

除了农业，在宋代兴起的工商业与当铺也有着极为紧密的联系。这是因为，一些工商行业需要依赖借贷来比较稳定地开始或继续他们的经营，这样，商业资本的流动周期就缩短了，可以给商人带来更多的利润，从而促进了商业的再投资，以此循环，商业机构和组织也就越来越多，从而促进了商业的发展。

当铺对商业发展的巨大贡献还表现为，它在一定条件下直接从事市场活动。随着封建社会商品经济的发展，当铺的财力日趋加强。特别是在其成为独立的金融机构之后，当铺便开始兼营商业或其他副业，从而在借贷生息之外，另辟一条增殖其自身资本的新途径。

（四）增加财政收入

在封建社会里，由于统治阶级穷奢极欲，加之各种战争比较频繁，致使国库空虚、入不敷出。为了增加财政收入，封建统治者往往采取各种手段进行搜刮，或通过加重赋税来支撑局面。朝廷搜刮的对象遍及各行各业，当铺这个获利颇为丰厚的机构，自然也成为统治阶级搜刮钱财、补充财政的对象。

自唐朝中期的安史之乱以后，中央朝廷政局不稳，兵祸连年不断。建中三年（782年）四月，唐德宗就考虑到河南、河北"用兵月费度支钱一百余万"，而府库"不支数月"的情况，下诏"大索京畿僦商"，并美其名曰为"借"。为了增加财政收入，政府还把目标指向当

铺。于是，京兆少尹韦祯强行勒索"僦柜""质库"等当铺，抢走了大量的钱财。虽然钱是被抢走的，但其钱财之多是令人惊叹的，在暴力剥夺之下，大量的钱财成为当时国家财政收入的一个重要来源。

在宋元时期，中央政府增加财政收入采用的方式显得更为文明一些，就是开办官办当铺。在北宋时，官府特别设立了一项费用，叫做"公使钱"，其中有很大一部分就是用来开设当铺的。崇宁二年（1103年），皇帝还诏令各府界诸县在交通枢纽和商贩聚集的地方置当铺，于是官办当铺遍布各地城乡集镇。与宋代同时期的金朝也有类似的做法：据《金史·百官志》记载，金世宗大定十三年（1163年），上谓宰臣曰："闻民间质典，利息重者至五七分，或以利为本，小民苦之。若官为库条，十中取一为息，以助官吏禀给之费，似可便民。"于是，金朝政府在中都南京、东平、真定等处设置典库，以流泉为名，各设"使副"一员，又在京府节度州添设"流泉务"二十八所。据记载，元世祖至元二十年（1293年）曾以钞5000锭为资本设立公典，称"广惠库"，放贷收息。这说明在元代官办当铺也十分发达，政府还是在继续支持官办当铺的发展。这些都说明，宋、元时期的政府，都看到了这个行业中获利增殖的经济利益，纷纷打着"救世济民"的慈善旗号，参加到对民众的盘剥中来分一杯羹。

在宋、元以后，当铺也还是增加财政收入的工具，途径则是征收税赋。封建国家的苛捐杂税多如牛毛，又十分严酷，对当铺的税收自然也不例外。明代天启年间（1621—1627年），政府曾计划按照当铺资本数额的十分之一征收赋税，这样全国每年就可以征收20万两，但是由于明王朝的土崩瓦解，这一计划最终没有实现。

清朝入关执政后，国家迅即开征当铺税，获得了一笔固定的财政收入。据统计，"康熙三年题准，当铺每年纳银五两"，这样，每年就能征到11万两有余，在一定程度上补充了政府财政。雍正六年（1728年），政府又规定，民间开设当铺，均要办理营业执照，并缴纳"帖捐"（也是一种税目，相当于印花税），同时照例按年缴纳当税。乾隆十八年（1753年），全国当铺多达一万八千多间，每年的财政税收更是可想而知；嘉庆十七年（1818年），全国各地当铺

中国古代金融与商业

108

增加到两万三千多间，典税也有 11 万两。

以上事例和数据表明，在封建社会，各朝各代通过采取不同的手段，在当铺这个"金融机构"中取得了巨大的经济收益，有力地补充了国家财政收入。

（五）调节宏观经济

如同现代的银行等金融机构一样，古代的当铺也具有对经济的宏观调控作用，因此，常受到统治阶级的倚重，有时还把它作为推行某种经济政策的工具加以利用。

唐、宋时期，货币的供求关系十分紧张。一方面，由于商品经济日益发展，需要用到货币的领域越来越多，货币流通量急待增加；另一方面，由于金、银、铜等铸造钱币的贵重金属数量有限，民间又流行藏钱和将钱改制成其他器物的风气，因此，流通中的货币数额远远不能满足需要。唐建中初年（780 年），一斗粟米的价格是一百钱，而到元和五年（810 年），因为货币的不断短缺，已经降价到二十钱了。每当这种情况出现，当铺能作出巨大的贡献。因为在政府的要求下，当铺就会在借贷中使用小额货币，当小额货币源源不断地流入到社会之中后，货币匮乏的现象就能得到缓解了。乾隆九年（1744 年）后，基于钱币缺乏的局面，政府就曾拨出一批银两，给当时北京城内外的六、七百家大小当铺充作资金，从而吸收民间手持铜钱。这样，通过利用当铺所具有的对钱币的操纵能力，就能稳定因货币不足而造成的各种不稳定因素。

但是，当铺的这种对宏观经济的干预作用也被封建统治者用在有损国计民生的途径上。民间私自铸造货币，是封建时代一直存在的问题，因为伪造者不用足量的或者是好的贵金属材料，导致货币减重、变质。这些假币流入社会后，往往被商贾发现，于是他们为了保护自己的利益就抬高物价，导致普通百姓的生活陷入困境。因此，在富庶、和平时期，统治阶级都会大力打击私铸货币的行为。但是到了战乱、天灾等非常时期，他们却会反行其道，提高货币面值、减少贵金属含量，从而谋私利。这种行为自然会受

到商贾、百姓的抵制，于是，在政府的强迫下，当铺在进行借贷时就变成了政府发行不受欢迎的"不值钱的钱"的工具。

　　从以上分析可以看出，当铺在宏观经济调控方面既有有益的一面又有损害国计民生的一面，但是，这种发行货币的职能是不会变的，变的是统治者的仁善或者残暴的统治意图而已。

中国古代金融与商业

六、当铺的后世沿革

元末明初，僧办当铺急剧减少，逐渐退出了历史舞台，到明代中叶，商人纷纷投资经营典当业并且成为当铺行业的一支主要力量，因此，民办当铺中的商营当铺最为兴旺发达。明代当商，还具有浓厚的地区专业色彩，开设当铺基本是安徽、山西、陕西、山东商人的专业。另外，在承袭宋、元当铺发展的基础上，当铺经营活动又出现了新的变化，主要是增加了新门类，扩展了新业务，出现了新的资本组织形式，当铺的内部管理也开始科学化，等等。

一般来说，徽商分布遍及全国，在江南市镇中尤为活跃，如在保定府完县，"地狭民稠"，因此"有清之初，民多趋重商，当时以地理关系，县境虽狭而商业亦颇称繁盛，以偏僻小县，质库至七处之多，杂粮店、钱店数且倍之，市面繁荣可想"，"庚子之乱，完县商业损失颇巨……资本稍厚，率皆因云累前后歇业，当商、钱商竟无一家存者，所存者不过小本经营以为糊口而已"；在资金方面，徽商的资本雄厚，更胜一筹。《明季北略》上说：在北京的徽商汪箕，"家资数百万，典铺数十处"。江苏江阴县的徽商程壁，广有资财，"开张典铺十八处"；在经营方法上，其灵活的经营手段也是技高一筹的，例如《金陵琐事剩录》中的描述：南京"当铺总有五百家。福建铺本少，取利三分、四分，徽州铺本大，取利仅一分、二分、三分……人情最不喜福建，亦无可奈何也"。可见，徽商在典当业竞争中的优势是十分明显的，这也是徽商成为典当业有名的经营者的原因。

清代以后，"徽商开当，遍于江北"的情况发生变化，晋商在江北经营典当业已超过徽商。乾隆六十年（1795年），山西学政幕僚李隧记载：全国所设典当"江以南皆徽人，曰徽商。江以北皆晋人，曰晋商"。在清朝乾隆年间，河南多次发生灾荒，遇灾农民一般都是在晋商开办的典当行中借贷。史料也有这样的记载：乾隆五年（1740年），河南灾荒，"每有山西等处民人，及本省富户，专

以放债为事"。

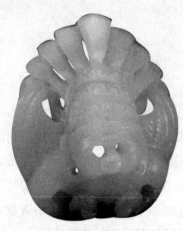

陕西典商的活动范围主要以关中为据点，往来于西北（甘肃、青海、宁夏、新疆）、江淮、江南及四川、云贵之间。在清朝前期，陕西商帮在关中各县开设的当铺大约有800多座。

山东商帮的势力一般集中在山东地区。其中开当铺最多的就是登州府文登县商人了："凡乡里小有之家，有闭舍二区，字一人，则于其家开设小当，资本二三四五百不等，未有及千钱者。"山东商人行事豪爽，一言九鼎，"商大者曰装运、曰典当、曰银钱交易，皆一言为券，无悔改者"。在经营方式上，山东商帮的经营方式多样，有独资、合资，较大的商人还雇佣代理人来主持典当事务。

在明清时期，还出现了不少典当的新门类，按名称有"典""当""质""按""押""代当""代步"等等，其中，"典"与"当"差别微小，但"典当"与"质""押""代当"的区别就非常大了。

明清两代是中国典当业发展的黄金时期，相关的法律规范得到同步充实和不断完善。对于典当利率，《明律》规定："凡私放钱债及典当财物，每月取利并不得过三分，年月虽多，不过一本一利。违者笞四十，以余利计赃。重者坐赃论罪，止杖一百。"

典当行纳税，始于清初。清顺治九年（1652年）税例规定："在外当铺每年征税银五两，其在京当铺并各铺，该顺天府酌量铺面而征收。"康熙三年（1664年）户部规定："当铺每年征银五两，大兴宛平大行店铺同，十五年定京城行铺税例，上等每年五两，余二两五钱。"在这里唯独京城典当行受到酌征或减税的优惠待遇。关于当物失窃、毁损，清代亦有详细法规。《大清律例·户律》规定：当物被盗，损一赔一，"无论衣服米豆丝棉木器书画，以及银钱珠玉铜铁铅锡各货，概照当本银一两，再赔一两；如系被劫，一两再赔五钱，均扣除失事日以前应得利息"。即少则赔偿50%，多则赔偿100%。但"如赔还之后，起获原赃，即与典主领回变卖，不准原主再行取赎"。即典当行一方面虽负有赔偿遗失当物之责任，而另一方面又享有变卖查获赃物清偿本息之权利。

"先有典当，后有票号，再有钱庄"，这是对中国旧时代金融业发展过程的

中国古代金融与商业

清晰描述，这一句话就精辟地反映了我国古代人民的伟大智慧。可以说，宋、元时期当铺行业的兴盛发展，开辟了一个行业的形成和成熟之路，同时，也镌刻下了许多中华民族重大的历史印记，浓缩了许多博大精深的中国传统文化。当铺的兴衰史与很多人的命运息息相关，它就如同一本厚重而深刻的书，翻开它，永远都会有惊喜的发现，永远都会得到新的启发，也永远都会让人叹服中华民族的伟大智慧！千年的时间如白驹过隙般飞逝，如今的当铺行业还在继续发展着，并且伴随着经济发展的活力，正在揭开美丽的新篇章。

当铺与质库

明清时期的"官当"

　　典当业是人类社会最古老的行业之一，在我国有着悠久的历史。康雍乾时期是我国封建社会最后一个盛世，不论内务府还是各省、府、州县衙门，大多都经营着数量不等的当铺。伴随着封建社会商品经济的繁荣，典当业的发展也超过了以往任何一个时期。

一、清代典当业与官当

在中国典当史上，明朝是唯一以典商资本和独力经营为主的时代。到了清朝，典当业重又回归到唐宋时那种皇、官、民当多头并举的局面，较之当初形势有过之而无不及。与唐宋有别而与明朝共同之处，则是寺库质贷业已为寺外世俗社会的典当业所湮没。

（一）清代典当业概况

中国古代金融与商业

清代典当业是中国典当业的繁盛之时。无论资本额、铺数，还是规模、类型，清朝以来典当业的发展势头都是空前的，为以往历代所难以比拟。

据统计，乾隆十八年（1753 年），全国共有当铺 18075 座，收典税 90375 两；嘉庆十七年（1812 年），全国共有当铺 23139 座，收典税 115695 两。仅京城一地，当铺座数已颇可观。据《东华录》所载，乾隆九年（1744 年）十月大学士鄂尔泰等奏执："查京城内外，官民大小当铺，共六七百座。"至晚清，光绪庚子（1900 年）以前，北京尚有当铺二百一十余座。据 1940 年前的统计，当时北京的 87 座当铺中，还有义盛当等 14 座是光绪年间创办的，时有资本计 443500 元。

清代的典当铺遍布全国，从北京到各省省会、大都小邑以至镇墟，都有规模大小不同、营业对象各有差异的当铺存在，其数量可谓惊人。康熙二十年（1681 年），江苏省常熟县具有确实牌号和东主姓名的当铺即有 37 家，乾隆九年（1744 年），查京城内外，官民大小当铺，共六七百座之多。"楚北汉口一镇，共当铺 39 座，此外仙桃、镇坪、武穴、沙市及各州县市镇共当铺 385 座。一直到晚清，当铺的户数仍在继续增加，光绪年间，山西省经布政司钤印领帖，交纳当税的铺子即有1869座。广东省广州府有1243座，其中南海、番禺两县即占了556座。其他各省府州县也大体如此。当时的典当业已成为社会上最重要的商业行业之一。

清代的典当业出现了三种类型：

皇当，是指由皇帝或皇室拥有和出资开设，指定专门机构和人员进行营运，制定有一定的规章制度，收取其溢利以充实皇帝或皇室的财富，以经营典当业为主要业务的商号。

官当，又可分为两种，第一种是指由各级军政衙门拥有和出资开设，拨给特定部门作为资金，委派专人负责营运，亦具有一定的规章制度，取其溢利作为本官府的收入，供应某些特殊开支以及本衙门官吏胥役人等的某些需要，以经营典当业为主要业务的商号。第二种是指由各级贵族官僚人等拥有和出资开设，委派家人店伙负责营运，亦制定有一定的规章制度，收取其溢利以增殖本人财富，扩大私囊，以经营典当业为主的商号。

民当，是指由一般民间地主商人出资开设，有些人已成为专业的典当商或从业人员，在长期的营运中，形成了各种行规当约和帮会以及同业组织，以获取利润为目的进行营业，以经营典当业为主要业务的商号。

当然，这三大类的典当商号，其社会背景、实际地位高低、资金厚薄、利润多寡、业务规模广狭等方面都是有所不同的，但在它们的经营手段以及某些内部规章等方面，又有不少共同或相近的地方。其实，所谓皇、官、民当，也并不是固定不变的，它们之间也经常有互相流动和渗透。由于政局及财政等原因，当铺的所有权也时有变更。原来的官当或民当，可以因为"供奉入献"或被抄没而，收为皇当，皇当也可以通过"恩赏""赐给"而变为官当，民当可以经过被吞并而变为官当，官当亦可以经过"价卖"而成为民当。官僚贵族吏役等有人入股于民当，民当东主中有欲倚恃官势送股于官绅人等，于是，这些民当中实际上具有部分官当的成分。官当中有民股、民当中有官资，在当时不是个别现象。

（二）清代"官当"的概况

　　乾隆朝的《内务府奏销档》详细载有各旗开设当铺的座数、各当的名称、投资本银数量以及营业状况、盈利或亏损、开张闭歇的起止年月。大体说来，

每旗一般都同时保有三五座当铺，每座当铺的资本多为一万到二万余两，少数也有拥有四万两本钱。正黄旗即开有官当四座，其中广盛当拥有资金本利为24803两；广信当拥有资金本利为15804两；广润当拥有资金本利为18508两；广得当拥有资金本利为273206两。其他各旗大体相同。各省总督和巡抚、将军、都统等大员所上的奏折也间断地透露出，省级军政领导机关也较普遍地开设和经营当铺。有些封疆大吏，有时甚至将自己管理当铺经营有术作为自己的"治绩"之一奏报给皇帝，并受到嘉勉。可以有根据地说，当时军政各级衙门中，参与典当业活动，开设官当铺的部门占有很高的比例。在全国范围内，实际上存在着一个由官府经营的当铺网。这是一个植根于当时的封建政治体制，与封建官僚政治密切结合的辅助性的财政网络之一。

　　实际上，"皇当"是以"官当"面目出现的全国最大的"私当"。"官当"虽系"公当"，收益除补偿"生息银两"本钱，和补充官府部分公费支出外，也是大小官吏借便谋取私财的又一渠道，是公私兼济的买卖。皇帝、官府率范开当，将此视为生财、蓄财之道，加之皇帝还不时把当铺作为不动产赏赐给王公贵族和臣属，事实上也是对官吏们自行投资开当蓄财的鼓励。一时间，大小官吏竞相效尤，其本身的职位、权势，无疑更方便保护、扶植这些属于私产的"官当"，获得比一般商开办的"民当"优厚许多的利益，使权位通过开当转化为钱财。

（三）清代"官当"兴盛的原因

　　清朝，官吏们普遍热衷于开当铺，原因是多方面的。首要的原因，当然是

中国古代金融与商业

对金钱的强烈追求。如同历史上一切剥削阶级一样爱财，总想尽可能多地取得财富。这个阶级的当权者，即各级官吏更是如此。千里做官只为财，对他们之中绝大多数人都是适用的。魏晋时一位叫成公绥的人写了一篇有名的《钱神论》，对当时许多人的主要生活目的就是求财，作了形象的描写："路上纷纷，行人悠悠，载驰载驱，唯钱是求。"东晋人鲁褒也写了一篇同名的文章，说金钱能"无翼而飞，无足而走弦，以为世神宝""谓之神物"，甚至说"天有所短，钱有所长""天不如钱"。嬉笑怒骂，对人间的世态和崇尚金钱的心理状态作了惟妙惟肖的描述，对当时中上层社会许多官僚人士的品格和作风给予了深刻的揭露。早在魏晋时期即已如此，到明清时期，城市经济获得较大发展，商品贸易增长迅速，除了传统的享受外，舶来洋货又进入了上层社会的生活领域，消费开支的门路大增，对钱财的要求便更加迫切。对于各级官吏来说，许多事物都在刺激着他们的贪欲，都在驱使他们加速加大对财货的追求。于是，这个时期的金钱便具有更为重要的使用价值，在更大程度上成为颠倒众生、参悟造化、妙用通神的超级法宝。不少官吏都在土地收租和放债取利以外，寻求另外的生财门径，希望发更多更大的财富。当然，从全面利害衡量，他们又希望这样的门径最好能不影响官声，不露痕迹，不必自己出面，不用过分操心而又能稳定取利，这样，兼开当铺便成为他们最可取的选择之一。

皇帝、官府以及官吏人等，其所以优先投资于当铺，主要是因为开当被普遍认为是一种最能稳定取利并能取得大实惠的行业之一。各级官吏开的当铺对来典押物品者的苛酷绝不低于民营当商，其剥削量也绝不低于民营当铺。而且，它们有官为后台，既有势力可以仗恃，又有较雄厚的资金足够周转，敢于放手兼营其他有大利可图的营业，进行投机倒把，如非遭遇特殊的政治牵累或经济风暴的袭击，便可说是封住了亏蚀之门，是必能财源广进的。

特别值得注意的是，清代的文武官吏以至书吏、衙役、长随等人开设当铺，差不多都不满足于一般的典当业经营。实际上，绝大多数都是一当二用、三用甚至多用。当铺既可作为纳贿或行贿的过付场所，又可作为官吏们的财政金库，提供现金，从事各方面的经营活动。可以通过当铺兼并房地，放

明清时期的「官当」

债取息，还可以通过定期盘卖断当物品，"洗清"贪赃得来之物，又可以顺便甄汰各种不合用不合意的古董字画珍宝等藏品，更可以通过当铺搜寻各种特殊的奇珍异物及行贿上贡物品。总之官僚们有当铺在手，对于他们的财务和政治上多方面的活动，都是大为有利、大为方便的。

二、清代"官当"的发展阶段

（一）康熙时期"官当"的初创和运用

　　康熙初年到雍正六年为创办阶段。在此阶段中，康熙曾大力运用"生息银两"作为财政力量以推行召商（召官）承运铜斤和食盐专卖的政策，还曾运用它以保证铸币工业的正常生产，均取得了一定的成果，对奠定上述经济政策起过积极的作用。康熙在此期间也确曾动用一定的"生息银两"作为对某些亲信宠任官员，特别是"包衣"近臣的财政照顾。在这长达半个世纪的时期内，每笔"生息银两"的款额大小、利息高低、借期长短，准借或不准借，都是由皇帝本人因时、因事、因人而异，内务府或有关官员随本奏请，皇帝就来核批交付执行，当时尚未形成一套比较完备的定制。

　　清代"官当"制度最早出现于何时暂难准确考证，据光绪《大清会典》中《内务府·恩赏银两》条的记载，此一名词是在雍正七年才正式见于典籍。但是这一制度的酝酿草创和试行，是早在半个多世纪以前就存在的了。早在康熙十年（1671）五月，盛京管理内务府事务掌关防佐领辛达里就呈报北京总管内务府，"以买卖之事不断，曾请置设商人。既然盛京每年均有出卖三旗制作所余棉、盐等物并购买所需诸项什物及议价等事务，故应设置商人，况且若将当地现成库银经商，则可获利，而买卖等事亦可不至有误"。当即经北京总管内务府审批，同意委派三旗之下某些闲散人员，主要是一些庄头子弟兼充商人，由盛京内务府贷给一定数额的"内祭银两"作为本钱，商人则应按照规定定期向盛京内务府交纳一定的利息，"一百两银一年四季将取息银五十两，闰月不取息银"。这说明，两个内务府将"祭银"作为资金以进行营运，早在康熙初年便已经公然形于案牍，视为内府工作的一部分了。以皇室资本来发展和支持一部分商人

经营特定的贸易，这些商人自负盈亏，但必须同时承担定期定额缴交利息的义务。这对于活跃当时东北地区的官私经济，可能是必要的，但皇帝本人（通过内务府）也分享了相当高的利益。

（二）雍正时期"官当"的整顿和政策演变

对"官当"制度的重大改革和整顿是在雍正七年五月开始的。从雍正七年五月到皇帝本人在雍正十三年（1735年）八月去世以前的六年多时间中，他对办理"生息银两"制度的方针办法作了很大幅度的调整，一方面，纠正了康熙主政时期在这方面存在的一些偏颇；另一方面，大大增加了运用"生息银两"制度作为稳定封建国家统治机器下层人员、特别是一般兵丁生活的手段，雍正通过这一制度建立了一整套遍及军、政、旗系统的福利制度，并将之扩展为全国性的规模，陆续制订了若干规章办法，使这套制度趋向完备严密。

雍正即位之初，面临的政治形势是相当严峻的。康熙晚年对朝廷和官场上各种弊端基本上采取纵容姑息的态度，以致人心涣散，吏治废弛、财政紊乱，清王朝的内外危机均趋于激化。雍正当此关系转扳之时继承嗣君之位，或仍循旧轨而任形势进一步恶化，或断然改弦易辙以整饬刷新之，实为无法回避的抉择。历史事实表明，雍正是坚决摒弃了前者而选择了后者。

康熙辞世，遗留下来的国库存银只有白银800万两，此数只有他在全盛时期库存三千余万两的四分之一。值得注意的是，雍正一上台，就在这仅有的800万两中拨出90万两充作八旗及内府三旗"官当"的基金。雍正为什么会这么做呢？这绝对不是偶然之举。

八旗在清朝封建国家体制中具有着特殊的地位和势力，被称为"我朝之根本"。直到雍正上台，管理旗务的亲、郡王等仍视本管的旗是自己的势力范围，内务府上三旗是宫廷近侍警卫。雍正为巩固自己的帝位，为扩大自己的统治基础，势必大力加强对八旗及内务府的控制，大力加强对旗下一般官佐以及兵丁

中国古代金融与商业

人等的直接掌握。他的心腹蔡挺即曾密献优待八旗之策，借以稳定军心、培植根本。在当时，一个一般官兵以及近侍人员，遇有婚丧之事，可以得到从数两到二十两的赏赐，这在办理红白事务中也是不小的补助。而按照清朝的军制，绿营的步兵每月所得钱粮不过一两五钱到二两，因此，上述"恩赏"数额不能认为是无济于事的。雍正抓紧颁布并执行这道谕旨，显然是着眼于政治上的考虑，是以之作为稳定和拉拢八旗和内府人员的特殊手段之一。

当然，更值得注意的，不仅在于雍正一上台即拨发 90 万两巨款作为"官当"的基金，还在于从这道谕旨的内容里，明显可以看到清王朝在掌握和运用"官当"制度方面，正进入一个新的阶段，出现了新的指导思想和新的规定。这主要表现在三个方面：第一，雍正明确规定，这 90 万两乃是一种基金，只能支用它的利息以供八旗及内府三旗官兵某些福利费用开支，不准动用本银，不准作一次性消耗；第二，大力加强管理，息银的支用严格限于一定范围的人员（其中又分等级），而在这一部分人员中又限于只解决喜丧事件；第三，建立必要的奏报和检查审计办法，规定每年必须由指定的银库负责核销，各旗只能实报实销，并分别将账目奏报给皇帝。凡此三端，都是在康熙时期未有过的明确规定，也是雍正在其后整顿和运用"生息银两"制度时采用的基本政策。

随后雍正对"官当"制度进行了改革。第一方面，他进一步拨付一定的基金，作为对以内府官员为主要财政照顾对象。"著将内库银两，给予乾清门侍卫一万两，三旗侍卫每旗各二万两，内管领等员二万两，司院官员二万两，令伊等或置房招租，或贸易取利，任其滋息分用，亦得优裕。"雍正在这方面的指导思想较之元年颁发的有关谕旨又有了重要的发展，即对于拨赐的基金，有关部门掌有进行营运的责任和权力，"或置房招租，或贸易取利，任其滋息分用"，这是事关重要的。因为雍正已经明确规定，所有拨充作为"生息银两"的款项，都是一种应该用以进行增值的活资本，而增值的办法和营运的项目，则可以由有关部门自己决定。第二方面，是对驻防全国的各旗、提、镇等军事单位，以及由各省总督直辖的督标、巡抚直辖的抚标等，均分别拨给一定数目

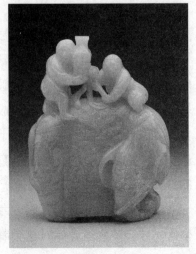

明清时期的『官当』

的"生息银两"基金，由各部门的主官负责管理并组织营运，将所赚得的利息银两充作以兵丁为主要财政照顾的对象。

（三）乾隆时期"官当"的衰败和"收撤"

乾隆主政初期，基本上是遵循旧制，仅作过一些次要的调整，往往流于放任。问题愈积累愈多，乾隆逐渐发现，在执行这套制度的各个环节中，均相继

暴露出许多严重的弊端，在有些系统、有些地区和有些方面，已经发展为痼疾，实际上无法再营运下去，变成许多难以查核的烂账和难以收拾的烂摊子。于是，在乾隆十九年（1754 年），不得不作出全面"收撤"，全部结束清算的决定，并以谕旨的形式宣布。

雍正在位十三年，于 1735 年去世，继位的是他的第四子弘历，是为乾隆皇帝。乾隆和康熙、雍正，都是勤政而有作为，在治国施政等方面均有自己定见的皇帝。在他们各自的主政期间，在所执行的政策中都明显体现着所处不同历史背景而形成的不同对策，体现着个人的政见和风格特点。其实，甚至在康熙和乾隆本人当政的初、中、后期，也同样存在着某些分歧，处在自身的演变过程之中。

"官当"制度到乾隆时期，本身在其继续存在的过程中，相继暴露出日益严重的废弛和腐败，许多原来被掩盖、被粉饰着的情况都逐渐被抖露出来，这一套制度的阴暗面愈来愈成为廷议的内容。在乾隆面前摆着这样一个棘手的问题，那就是，由"生息银两"制度带来了一连串有损于官方利益和威信的问题，暴露出它实际上并未较好地完成朝廷赋予的在财政收入和辅助行政管理方面的任务。乾隆在他刚开始主政的十多年间，曾试图采取一些办法以给"官当"制度注入新的活力，力图堵住这套制度中已经出现的一些漏洞，遏制住某些弊端的恶性发展，但事与愿违，他所采用过的办法，无不以失败告终。

有鉴于"生息银两"制度各个环节间已经百弊丛生，虽然着手进行整顿但全无实效，乾隆就开始对这套制度实行逐步收缩的政策。他先是谕令各旗省分

批归还历年钦拨给的"生息银两"，后下谕停歇了相当一部分以生息基金为本钱的商业，由国家正项课税款项中支付内府和上三旗人员的福利用费，这样一来，建立"生息银两"制度的目的已被撤销，其经费来源已被切断，其主要支付用款已有国币代付，在中央府、旗一级，这套制度实际上已经名存实亡，而对各省、旗、营的收撤工作也提上日程。随后，全国各地区各旗营历年在执行"生息银两"制度的具体做法和盈亏状况千差万别，故此，乾隆并不强求各省、旗、营在"收撤"问题上必须与内务府和上三旗采取同一进度，可以视条件的成熟先后进行。

三、清代"官当"的经营模式

（一）康熙朝的经营模式

1. 借贷给某些商人或兼充商人的官吏们的资金，以支持他们完成运交铜斤的任务。

清代在国内将云南省所生产的铜斤按期按额运送到北京或指定的地点，从

国外（主要是日本）运回输入的定额铜斤并如期运送到北京或指定的地点，用以铸制铜币，以供应朝廷开支和社会贸易交换的需要，乃是清代前期国家财政工作中最重要的项目之一。因为铜币在当时还是被使用最频繁、最普遍，流通量最大的货币，必须保持市量的充裕和币值的稳定，才有利于保证社会财政金融以及在政治上的安定。

为了确保铜源的供应，清王朝曾经采取过许多措施，诸如规定最低的产量和输入量，规定运商交纳铜斤的期限和运输路线，甚至曾酌加价钱，以鼓励多产多运。而且，采取了交商承运的办法以专责成。在康熙时期，承运铜斤的业务曾经是获利最为丰厚的生财事业之一，许多商人都极力钻营奔走以取得一定的运额。为便于统率管理，也为了减少利润外流，内务府的官吏往往兼充商人，并且多能获得承运的差使。当然，在他们之间也经常发生互相争夺倾轧的事件。康熙往往对已获批准承运铜斤的商人拨借给一笔"生息银两"，一方面是在资金方面给予必要的支持，另一方面也借以收取高额息金。

在康熙四十年（1701 年），曾亲自批准借给具有皇商身份的内务府员外郎张鼎臣、张鼎戴主事、张常住等兄弟三人以及江宁织造、郎中曹寅、皇商王纲明等人合共十万两的"生息银两"，委派他们分别负责采买和承运铜斤，每年合应交纳 358 万斤优质铜锭，期限为八年。在八年之内，承运人除必须每年交足

中国古代金融与商业

铜斤不许延误以外，还必须给内务府缴交一笔数目巨大的"节省银"和"利息银"。在这次批办承运的过程中，还出现过一个插曲，即上述的内府官吏和皇商们为了攫取这项可以大发其财的差使，还发生了类似投标竞争的情况。最早，张鼎臣、王纲明等四人请内务府转奏，甘愿承诺在八年之内，除交还"生息银两"本金10万两外，再多交40万两。曹寅立即奏陈，愿意缴交更多的款项，以取得单独承办采买和运交铜斤的权利。

2. 贷放给特准经营盐业的专运专卖商，以支持他们的正常产销，或用以加强对他们的控制。

康熙批准拨借给盐商款项的次数是比较多的，最突出的是在四十二年（1703年），他在南巡途中批借给两淮众盐商周转资金100万两；四十三年（1704年），又批准借给长芦盐商张霖、查日昌等八人周转资金70万两。在当时来说，这是笔相当巨大的款项。盐商们取得了这样整笔的巨额贷款，当然在经营上大有裨益，而且从中也得到了相当的利益。

3. 借贷某些关系国计民生的重要官营工业的职工人等，作为对这一部分人的特殊照顾。

在这方面，最主要的是铸币行业。铸造钱币的工场是清代前期最具规模、匠役人数最多而且最集中的行业。由于康熙中叶以后，中国封建社会又呈现出一派上升的繁荣景象，人口增加，市场扩大，商业贸易交换频繁，所以对货币的供求量也直线增长。更何况，将铜锭铸造为钱币，对于清王朝来说乃是一件有大利可得的生财事业。为此，康熙时期，除设有由户部经营的宝泉局，又设有由工部经营的宝源局。宝泉和宝源局，实际上就是中央直辖的大型铸币工场。两局辖下各厂共有工匠三千余人，这是当时在北京各手工业行业中人数最多、最集中，技术水平较高的工匠队伍。清朝在各省亦设有地方性的铸币工场、在广东称为宝粤局，在广西称为宝桂局，在贵州称为宝黔局等等。总而言之，维持铸币工场稳定的生产秩序，保持正常的产量，对于清王朝来说，是至关重要的。因为，在康熙中叶以后，已经间歇发生过在京两局工匠"怠工""停炉鼓铸"的事件，虽然哄闹的规模还是比较

小，闹事的持续时间也比较短，当时一般都作为零星的斗殴刑伤事件，由步军统领衙门拘捕杖责处理。但康熙深知，很有必要对两局工匠等人给予某些优惠照顾，以期换取他们安于沉重艰苦的铸币劳动，以避免铸币业这样一棵朝廷的摇钱树焦枯衰竭。

康熙曾批给两局工匠人等较巨额的长期低息的"生息银两"，并允许在银钱比价方面给予工匠们一定的差价利益。康熙四十三年（1704年），他曾批准给户部宝泉局的"炉头"（工头）等人借给"帑银"10万两，由"炉头"再转借给工匠人等，议定的偿还期长达10年，而每年的利息仅规定为二厘，而且还特准到10年期满时不必以白银偿还，连本带利只要偿还12万吊铜钱就可以。这样低的利率，在当时甚至比对内府上三旗人员的借银息率还低得多，因为"恩赏"借给上三旗人员的款项，其年利率一般都在一分至一分五之间；这样借银还钱的办法是前所未见的；在如此长的借期中，不必逐年交纳利息，不必变息为本，以息滚利，仅需十年后一次偿还，在当时更是未有先例的事。

4.借贷给某些官员，供官员兼营商业之用。

清代的文武官吏，在他们任职期间，一般不敢公开兼营工商业，但在康熙时期，内府人员却是例外，不但敢于公然请旨甚至奉旨营商，而且所经营的大都是具有专利特权而且利润特别优厚的行业。康熙不但不予禁止，反而给予各方面的支持。康熙三十九年（1700年）四月，苏州织造、内务府郎中李煦即专门上奏，请求批借给他10万两银子以经商，得到允许。

（二）雍正朝的经营模式

1.以基金买田召佃收租

在中国封建地主阶级及其政权看来，占有土地以收取地租乃是自古以来最正统最稳当的经营方法。以"生息银两"基金购置而来的土地，可以具体称之为"生息官田"。自雍正七年五月责成各级衙署和军政长官，因地制宜运用"生息银两"以资生息银的谕旨下达以后，即有一些官吏奏报，准备动用该款项（或其中的一部分）来购置耕地。广东碣石镇总兵苏明良即上奏，"请将此项银两全数置买田园，递年收租，除输纳正供钱粮外，其余租谷悉行变价，留充营中，遇兵丁有吉凶之事酌量赏给"。差不多同时，河南驻防城守尉白清额也"奏请置地收租"，先"动支八百两买地二顷，他离任后，其城守尉印务由河东总督田文镜兼管，田文镜也继续令开封府知府刘湘、署祥符县知县刘辉进一步"查买地亩"。十一年（1733年）七月，江苏巡抚乔世臣也奏报该省先后购置土地的情况，"臣标左右二营，原奉恩赏营运生息银四千两，当经前抚臣尹继善置买官田一千一百二十五亩零，每年收租给兵济用，并酌定赏规饬遵。嗣因赏给之外存有余息，复将息银添买官田二百八亩零，计前后所买田亩，租息岁可得银一千二三百两不等"。同年同月，浙江总督程元章也奏报，他辖下的狼山镇曾使用"赏银一万两置买田亩，收租米麦，随时贵贱变价，得七八厘或一分息银"。

　　将借来的"生息银两"基金或其中的一部分，用以置田收租，将租米出卖折银，以息银支付兵丁吉凶事件的用费，在一部分地区一部分军队中，是曾经行之有效的。雍正对于各省各衙署的地、粮、银账目也抓得很紧，要求"将买过田园并每年应收租谷数目另为奏报"，还要"造册送部"。但应看到，置地召佃收租的利息率，相对说来是比较低的，而且，经管许多块小面积土地，与若干分租土地的佃户分别打交道，又要折算粮银，此种营运方法是比较不方便也并非最合算的，这也是它不能上升为主要营运方法的主要原因。

　　2. 以基金交商收息

　　为数更多的省份或衙署，是将从上面拨发而来的"生息银两"基金或其中的大部分，用以"交商收息"。其中，最早上奏的是四川提督黄廷桂，他在雍正七年七月即奏陈，拟将本管一万四千两基金中的一万三千两，分借给十三名典当商，每月收息一分，并拟订出详细的贷、还、出纳手续以及监督管理的办法，雍正朱批"办理甚属妥协"。接着，广东提督王绍绪及其继任者张溥等也奏报前来，他们从雍正七年九月开始，即将基金一万

八千两交商人收息，"据商人汪赞明等情愿借领营运生息，照贸易规例，纹银九七扣，库平九八兑，每两每月二分行息，按月缴收"。雍正八年十月，河南河北镇总兵范毓馥也将本镇领来的基金六千两，全部贷放给山西商人关思敬，令该商出具借领，以分半利银起息，计月不计闰，每年共交息银一千八十两，按定四季交投。其他如江西巡抚谢星、安徽巡抚徐本、南赣总兵李涟、湖南巡抚钟保、襄阳总兵焦应林、广州将军张正典等文武大臣，都有过类似的奏章，其考虑的角度和做法与上引诸地区官僚们大同小异。这说明，交商生息的办法在营运中占有较大的比重。

交商生息的明显优点是当月生息，得利很快，而且本息稳靠。官府对于贷借公款的商人，事先都采取了各种防范的措施；或先对他们的家产和信用进行审慎调查，或饬令他们五家连环保证，共负连带责任。对此，河东总督田文镜的做法是将本金分散借出，督标领来的本金本来只有四千两，他却分发给祥符县十五家典当商人贷借，平均每家只有二百六十余两。数目有限，万一有一两家闭歇卷逃，也伤不了根本。不仅如此，他还责令这十五家当商在借款时均必须办理相当复杂手续，各"取有领状"，还要"连环互保"，并保证"长年按照二分起利"。

当时在各省普遍采用的另一种方法是通过本省本地区的盐运使、盐法道等将"生息银两"本金贷放给本管的盐商，由各行盐商人按期按额交纳利息银给盐官，盐官再转解有关官库。这种将"生息银两"制度与食盐专卖制度密切结合起来的做法，可说是一项"创造"。事实上，不论当商或盐商，从商业经营的角度，绝大多数都不是真心诚意地乐于接受这种贷款的。有些商人是基于本身营业上的经济上的利益考虑，在权衡得失以后，在两害相权取其轻的状况中，才接受贷款并承诺交利的。

还必须注意到，雍正时期对于各地的重要商人监管是相当严的，经常通过官府，对各地区重要商人的营业和财产状况、交纳课税是否及时和足额等进行调查。有关部门要对辖区商人定期分等级排队并及时奏报，从而决定对不同商人给予不同的信任程度，决定是否继续委办盐运及贷放等事宜。雍正主政时期，商人的亏欠比康熙时期少，更远远低于乾隆时期，乃是与当时监管工作的具体深入分不开的。

3. 以基金开设当铺及其他店铺以直接经营

清代雍正时期各省各衙署亦多有将"生息银两"基金或其一部分，用以开设以典当铺为主要的商业，由官府指定专人负责经营管理。这种由官府投资并经营的当铺或其他商号，一般被称为"官当"或"官店"。雍正对官方开当是比较感兴趣的，下诏积极推行之。雍正的意图很明显，以生息银作为当铺资本，用当铺赢利以解决某些公务和福利开支的需要。这是一种由上而下的引导和推动，上行下效。于是，钦发的"生息银两"基金一拨到各地，以此为资本的大小官当便如雨后春笋，纷纷破土而出。

湖广提督岳超龙奏："窃臣标五营兵丁，荷蒙天恩，赏银一万二千两营运生息，臣钦遵酌议，在于常德府城招商开典，当经恭折奏闻，并报户、兵二部在案。"

署福州将军阿尔赛奏："窃照陆路提标五营，蒙皇上赏给一万八千两生息以济兵丁，臣于署任后，查前任提臣于兴、泉二府各设当铺一座。"

广西的情况是，提督张正宗动用提标"生息银两"基金一万六千两分别在柳州、南宁、宾州三处开设当铺，本省巡抚金拱则动用抚标"生息银两"基金六千两在桂林城开设当铺两座。

甚至当时远在边陲，人烟较为稀少的地区，例如陕西安西镇总兵所辖之地。该镇总兵袁继荫也奏请开当"臣窃见安西所设岩疆，土无出产，百物价值数倍内地……臣请于（生息银两）一万八千两内支三千两开设官店，照内地当铺例，每两每月三分起息"。

在当时各级领有"生息银两"专款的官府中，运用此款经营当铺已经蔚然成风。据不完全统计，各旗各督、抚、提、镇的标营中，拥有数量不等当铺的，大约占官府总数的一半左右，这还是仅据已奏报上来的数字计算。已开设而未详报，或原奏折已不存在的，当在未知之数。雍正后半期大力推行"生息银两"制度于各军标，客观上实成为官营典当业大量发展

的催化剂。

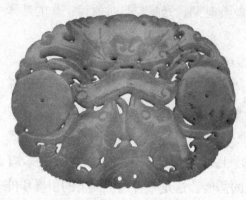

为什么当时从皇帝到各级官府对于由官方投资开当如此有兴趣呢?这具有多方面的原因。简言之,一因与买地召佃收租的办法比,开当可以不受自然界风、水、旱、虫等灾害的影响,不受农业收成丰歉的影响,而且在管理上比较集中,不必面对着分散的以百数十户计算的佃户,不必一一催租,也不必收集粮食转为银钱应支。二因与交商收息的办法比,由官府委派官佐自营自管,比将数千两甚至数万两的巨款放在商人手里更为放心些。三因资金掌握在官府自己手里,便于灵活调拨应支,可以随时动用本息,官当铺实际上都成为本部门的小金库。四因官府每多开一座当铺,即必能安插或照顾一些人。当时许多大吏都奏报要委派某些诸如中军参将、游击之类的中下层军官兼管官当,这些兼差当然都是有油水可沾的优差。许多老病兵丁以及官员的至爱亲朋,均可进入当铺以谋一枝之栖。这对于官府及有关官员都是方便和有利的。凡此,都是当时大量官当铺相继开张的原因。

(三) 乾隆朝的经营模式

乾隆时期的官员,包括京官和地方官,均可以公开合法地办理手续,纳息借用"生息本银",而且数额颇大,这在雍正时期是被禁止的,但是到了乾隆朝,这方面的情况也起了显著的变化。不论中央或地方省旗,将本银借给官吏个人,已经成为熟见习闻之事,不仅某衙门某官借去若干、息率几何、保结何人、按押何物、已偿未偿的登记等均详明载于账。而且,还公然将上述贷放收偿的情况形于奏版,请旨处理。

这样重要的事态发展,说明乾隆时期有些衙门对"生息本银"的运用,已部分从以经营谋利为主转移为以放债食利为主,而且放贷的对象主要是各级职官,从有关衙门来说,可能是认为,一切职官均应由一定衙署督管,借款给他们不怕拖欠;另一方面,也显然是对这些官僚的优惠照顾。因为,以一分起息,在当时社会上当然是低息,官僚们一转手再放高利货,仅在利息方面即可坐得

中国古代金融与商业

厚利。此外，官僚们用来置地买房，或用买缺，甚至用以填补赔累欠款、贿买上司，都是很合算很方便的。于是乎，相当大的一部分"生息银两"便被转化为仅限于在官场范围内流通的头寸，成为官僚们牟取私利和调剂各种关系的周转金。有些官僚从基金中借入成千上万两的银子，成为当时"生息银两"制度主要的受益者。甚至，有些人由于宦情变幻、经营失败，因而欠息不还，甚至蚀光了借本，虽然立限勒追、抄家清产，但仍无法追回，前经借出的"生息本银"便成为"无着"欠款。

四、清代"官当"的作用和弊端

清朝原设置一定数量的"官当"及对它们妥善运用，对维护和加强清王朝的统治、体现皇帝的恩威以及对皇族内部的经济调剂照顾，都有有利之处。但是由于"官当"的官方身份，也滋生了腐败，造成了资产的流失。

（一）"官当"对于维护清朝统治的作用

1. 设置皇当有利于控制金融、调节银钱的比价和流通，亦有利于在典当行业中体现朝廷的政令法令。

内务府经营的皇当几乎都设在北京及其附近。北京是当时全国经济政治的中心，亦是金融活动最活跃最集中的地区之一。乾隆初年，设在北京地区包括

皇、官、民营的当铺即有数百座，是当时占有现金总数、日常流通量最大的行业之一。在近代资本主义性质的银行在中国出现之前，原来的旧式钱庄、银号、当铺实为当时社会上最主要的金融机构。清朝政府许多有关财政金融的政策法令，往往有赖于通过这些钱庄、银号、当铺加以贯彻，有时也有意识地加以运用。对当铺的运用，

很重要的方面，就是通过其典押业务活动以调节白银和铜钱的适当流通量，维持适当的银钱比价。在当时，铜钱仍然是社会上使用最普遍、流通量最大的基本货币。入清以来，市面上的银、钱兑换价涨落不一。钱贱银贵时，一两白银可兑铜钱一千三百，甚至一千五六百文；钱贵银贱时则仅能换得七八百文，甚至五六百文。由于市场扩大，贸易量增加，对铜钱的供求量急剧增长，更由于铜源不畅，铜钱又常被囤积销熔，从康熙末年开始，钱文不足，钱价过贵日渐成为经常发生的突出问题，到乾隆初年，已经演变得相当严重，有时甚至被称为"钱荒"，形成交收困难，引起社会动荡不安。由于典当业零星当押取赎较多，其每天收支铜钱的数量往往超过钱庄和银号，清朝政府往往有意识地利用

中国古代金融与商业

当铺的业务活动作为出纳调节的渠道之一，借以左右市场，保持稳定。当局一方面尽力保证各当铺有基本充足的铜钱以应付门市，另一方面又想法限制各当铺积存过多的铜钱而影响到社会的需要，并力图加快其流通速度。重要的做法之一就是限制各当铺的存钱数，并规定典当物件所值在一定数目以上的只许支付银两，不许付给铜钱。

当然，除了金融方面的问题以外，当铺与社会各阶层之间的关系也是很密切的。清朝政府从维护根本的统治利益出发，对典当业的控制远比对一般行业为严密，各方面的规定也更具体详细，诸如，不许限当限赎，岁底腊月应减息降利并延长赎期，不许代罪犯寄顿或隐匿财物，不许销纳贼赃，有责任配合步军统领衙门及其他缉捕部门侦破窃盗抢劫案件，主动提供线索，等等。这一系列的措施，或为减缓社会的矛盾，或为维持治安秩序，当然都是很重要的，而事实上，对数量众多的当铺逐一稽考查核也并不容易，比较理想的办法是深入到典当行业中，从内部加以掌握和影响。

这是雍正和乾隆设置皇当，并对之相当重视的重要原因之一。皇当是否能起到这样的作用呢？大体上是可以的。这是由皇当本身的特殊地位所决定的。内务府所管辖的各座当铺，并没有公开宣扬自己的皇家产业的身份，招牌上写的无非是什么恩庆、恩吉、万成、庆盛等普通商号的名称。但是，这些当铺非比寻常，乃是由皇家作为后台，这一点实际上已经成为公开的秘密，特别在典当业本行业中更是人所尽知。它们的资金比较宽裕，规模一般较大，这还是次要的。更重要的是，掌柜的竟然身穿朝冠补服饰，有蓝宝石或水晶石顶带，有时还佩用朝珠的内务府郎中或主事人等，铺内一切官差伙役均为内府人员。这种架势，更足以说明这种典当铺来头大，它既绝不可能是民营的，也不可能是一般官营的商铺，只能是皇家的产业，具有官方金融机构的身份。各级官府对于皇当当然要另眼相看，其他同行更不敢与之产生摩擦或作任何竞争，只能唯马首是瞻。朝廷要求通过各座皇当以更多地了解社会上各方面的讯息，要求从行业内部对典当业加以掌握和利用，是不存在太多困难的。

2.设置"官当"，既有利于皇帝更直接地安排宫廷财

政，又有利于对皇室贵族的经济照顾。

清朝如同此前的封建王朝一样，皇帝对于自己的宗室皇族，在经济上和政治上都按例给予各种照顾，赋予各种特权，把这些"登于玉牒、出自天潢"的人物捧为特殊阶层，保证他们能过着远超出当时社会水平的富裕生活。而其中，又以对皇帝自己的子女（所谓皇子、公主）更为优遇隆重。这在内务府的法定职任中有明确的规定，皇子婚后，设总管大臣一人管理家务；公主下嫁亦如此。可见，内务府的职责并不限于宫闱之内，并不限于在生活上、财务上伺候帝后妃嫔以及未成年的皇帝子女；除此之外，还包括对皇帝成年子女婚嫁和封爵分府之后，继续打理他们的家务，在生活服务和财务管理等各方面继续服侍他们。

清王朝原有具体规定，皇子皇孙等直系皇族，等长到成年，被封予亲王、郡王、贝勒、贝子等爵号时，都要按等级的高低，赐予一定数量的财产。这些财产包括仪卫、庄园、府第、一定数量的金银、奴仆人口（牲丁、投充人丁、包衣、太监等），以及品种齐全的数量繁多的各式各样的生活用品。公主下嫁时，也要赐给一定的庄园、府第、妆奁、衣饰、金珠彩币、婢女仆从以及品种齐全的数量繁多的各式各样的生活用品。自此之后，分府出来的皇子便具有正式的爵号，成为某王某贝勒。下嫁出去的公主和她的丈夫　（额驸）也要开始比较独立的生活。王、贝勒或公主自此之后，便主要依靠自己被赐予的庄园和债利收益以及领取规定的俸禄钱粮，以本府作为一个结算单位过日子。当然，清朝如同此前任何封建王朝一样，皇帝对自己的子女总是给予很优厚的照顾，赐予皇子和公主的屋宇田园、金银现款以及各式财物都是一般人民，甚至是普通官僚贵族所不敢奢望的。皇子和公主按其爵级每年还有固定年金。照理说，他们过着上层贵族的富裕生活，是有物质保证的，是应该无虞于匮乏的。但事实并非如此，清代有些亲王、郡王、贝勒、贝子、公主、额驸之流，有时还在叫穷。这一方面是由于这些天潢贵胄们无休止地追求奢侈和铺张，因而入不敷出；另一方面，清朝皇帝与此前朝代的一些皇帝相比，特别是与明王朝的一些皇帝相比，他们对于皇子皇女的赏赐是比较有限量有节制的，大体上还能按照宗人府和内务府钦准的规章办事，不论在庄园府第现金用物等方面，都有规格数量的规定。

当然，不论雍正或乾隆，对于外朝大臣或一些旁系的贵族懿亲，偶尔也有赏赐当铺的，例如隆科多、张廷玉、舒赫德等人都受赐过，这当然也是表示特殊关怀的一种恩宠态度，是作为在政治上奖励拉拢的手段。但总的看来，皇帝更有兴趣的是抄没原属官僚贵族们所有的当铺，赐给是不常见的。何况，一旦恩衰宠弛，一些受赏而来的当铺又必然要被勒令连同全部利息缴回，这与恩赏给自己的儿孙，是有本质区别的。

3. 设置皇当有利于体现皇帝的恩威，有利于支付宫廷和内务府人员某些特别开支，也有利于对"内帑"资金的经营运用。内务府的文武官员和兵役人等是一支亲近御前而又相当庞大的特殊队伍。清朝皇帝对这些"包衣世仆"一直就经常给予各种经济上、物质上的照顾，经常在规定俸银之外再给予一些补贴。雍正时期，就曾多次下谕，命崇文门监督等每年交纳若干银两给内务府，由总管大臣酌量定拟分给府内的官役人等。但津贴有限，而内务府人员的欲壑无穷。他们在宫禁当差，直接为皇帝皇族服务，以御前人员自居，习尚奢侈，实际上是一个永远填不满的无底洞。皇帝虽然明知如此，但还是要不时敷衍他们。雍正虽然一再批拨专款赏赐给这些人，当时叫做"恩赏银两"，但总未能解决问题。雍正曾试行过分拨给内务府的堂、司、院各官，三旗侍卫处一定数量的款项，规定此款项只能作为母金，不许花销，只许滚利滑息，"令伊等或置房招租，或贸易取利；任其滋息分用，亦得优裕"。雍正的本意，是希望出一笔钱来翻本见利不断滋生子息，将利息作为对内务府人员的补贴，较长远地解决问题。

乾隆时期继续执行这种赐本求利，以利银给内务府官役兵差人等作开支的办法。当时已经形成了"生息银两"制度。所谓"生息银两"即由内务府经奏准，在"内帑"资金中拨出总数以百万两计的巨款，分别交给府内外各单位"滋生"。"滋生"而来的利银一部分归入皇帝的私囊，定期向皇帝报账并解交内库；另一部分则用

以支付用款单位官役人等的某些需要，作为皇帝对这部分人的在官俸之外的额外补贴。在发放、调拨和使用生息银两本利时，往往与皇当的业务活动有着密切的联系，皇当有时亦奉钦派承担了一部分的工作。

皇帝通过内务府，以北京地区为主设置了若干皇当，对它们的运用和控制抓得很紧，这显然不是基于一时的投资兴趣，也不是仅着眼于有限的利润收入。内务府经营皇当，对于朝廷的统治和皇帝本人都有有利和方便之处。皇当对于了解社会上的金融讯息并调节其流通，以具有强大后台的官方金融机构的身份干预社会经济生活，在当时当然会起到不容低估的作用，并从这一个角度维护和加强清王朝的统治。另一方面，皇帝利用分赐当铺以照顾皇族中某些成员，将当铺利润加惠于身边的侍从警卫人员，以当铺收益顶充某些应由公帑开销的支出，既实惠又灵活，而且并不违背规定，当然是很合算的。故此，当时较大量地设置皇当，皇当在清中叶曾存在并兴旺过百年左右，乃是有其多方面的需要和条件的，绝不是一种偶然的现象。区区一当，实亦关系全局。

（二）"官当"带来的弊端

"官当"以"生息银两"作为主要的资金来源，而生息银两制度本身却存在很大的弊端。

1. 滋生腐败

清朝大力推行"生息银两"制度，加强对"生息银两"的管理，甚至不惜使用封建法律的强制力，以图防堵因此而产生的各种弊病。但是一法立而一弊生，各种贪贿行为一直与"生息银两"制度相始终。

在当时贪婪成风的封建官僚政治体制下，不论内务府抑或户部，以及各旗省官库，但逢发放较大笔银款，总被经手官员视为发横财的机会，看做是油水充足的肥差。早在康熙四十三年（1704），江宁织造、郎中曹寅即曾密奏说，朝廷拨借出去的生息银款，领借人实在领到的最多只有八成。翌年，长期深受康熙宠信的文人、时任经筵讲官的王鸿绪向康熙密告，当时主管铸造和发行铜币的部门钱法堂对经谕旨允借给户部宝泉局工役人等的"生息银两"，也敢肆意克扣，在借出 10 万两的一笔中，"钱法堂满汉堂司扣银二万，内赖都扣一万二千两入己余，八千两满汉钱局官员书吏分肥"。可见，当时的大小官吏们在经手"生息银两"的各个环节中，在一放一贷一收之间，无不要猛刮一阵，总是要雁过拔毛，中饱其中相当一部分。他们对于从白花花的银子所散发出来的特殊气味，都具有本能性的敏感和特殊爱好，这些堂皇高坐，口头上讲究致君泽民的官老爷们，其实都是一些见利必争、当"财"不让的家伙。可见，所谓"生息银两"制度，本来就是建立在一个很不健全的制度之上的，它不过为各级官吏又提供一种可以大肆贪污的机会而已。以"生息银两"作为资金来源的官当铺，其所得本钱必然也是七折八扣的。官府经营的当铺，只能是在当时官场中日趋严重的污浊习气中存在和发展，这是很清楚的。

　　清代的"生息银两"制度以职司宫廷管家的内务府掌管的为主体，其发放款项的数目亦为最大宗，除此之外，八旗各省各级文武衙门亦多有自己的"生息银两"以供营运。嘉庆以后，由于时局动荡，财政窘困，内务府逐渐收缩以至完全取消发放"生息银两"，由内务府经管的属于皇室所有的当铺亦基本关歇停业，以凑集资金应付军政急需，但各旗省及其下属各级官府本身掌管的"生息银两"及所开当铺，则大体上保留下来，有些一直维持到清末。因为文武各级官府都乐于自己掌有一笔周转资金，也乐于运用这笔资金以不断滋生利息，既可满足本衙门人员的一些实际需要，也可以满足官府或其主管官员某些特殊的开支。康熙中叶以后，清朝的吏治日渐废弛，贪黩成风，贿赂公行，地方各省派人到中央的户、礼、兵、刑、工各部办事，都必须交纳一笔费用，才易于了清手续，领回公文。这笔费用被称为"印结费"，意即非纳费不予用印结案，也有被笼统称为"部费"的。于是"若无部费，虽当用之项档册分明，亦以本内数字互异，或因银数几两不符，来往驳诘不准报销。一有部费，即耗费钱粮百万，亦准奏销"。其实岂止中央各部门如此，地方各府、州、县官到省级督、抚、司、道衙门办事，也必须送上"省费"礼，到盐差漕运等衙门办事，也必须送

明清时期的「官当」

139

上名为"院费"的规礼，还有必须按时馈送各级长官的寿礼、节礼以及各种门包席金等等费用。各级地方官为了满足自己的贪欲，也为了应付上官以保住自己的乌纱帽，进一步谋取升迁，往往尽力攫取一切可能到手的钱财。他们在正项钱粮库账以及养廉俸银以外，也巧立各种名目以勒收本地区的规费，尽可能掌握一部分可供运用周转的款项，多方面扩大自己的财政来源，于是各级官府掌管的"生息银两"以及开设的典当铺便很自然地成为本部门重要小金库之一和生财部门之一。由官府管理的各种"生息银两"利息中相当大的份额，甚至一部分母金，往往被当权的官僚们挥霍掉，真正被用到一般兵役身上的福利费用，自然就微乎其微。登入账籍，上报并上缴的一些"余利银"，实际上只能是贪官污吏们中饱克扣的唾余之物。这就是"官当"利率不高的主要原因。官僚们恃借职权靠生息银两侵用本利的事件，一直与"生息银两"制度相终始，其趋势愈演愈烈。

2. 国家资产流失

官当的存在为一些官员隐匿不义之财提供了方便，一些官员利用官场上的关系网，把贵重物品、金银放在当铺保存。雍正四年在查抄李维钧（李陈常之弟）之家时，一开始只抄出三千多两银子，经浙江巡抚李卫用半年时间的查访，才将其寄存在当铺内的24万两白银抄出。

清朝一方面强监督管理，将内务府及各省旗的"生息银两"本金分别交由各省督抚及分管各旗的亲王"承办"。"承办"一词，是当时的用语，其主要内涵是，各督抚亲王等领出辖属省旗的"生息本银"，负责其全部管理及运营，要求他们按期缴交月息一分的利息银（在内务府系统，后来曾将月息减为八厘）。为什么乾隆要责成清王朝最高的贵爵亲王们来分管内务府各旗的"生息银两"事务呢?很可能由于，他认为各亲王份属国亲，位尊势隆，由他们分管内府各司院或各旗的上述事务，能够令行禁止，内府及各旗的官员不敢违犯亲王们的指示和检查:而且，各亲王均拥有厚资，不一定会再在钦派承办的"生息银两"工作上再图沾益，万一发生赔累，也不怕他们赔不起，可以信任和放心。为执行谕旨，乾隆初年，好几位亲王都接受了承办的任务。据记载，恒亲王弘口领出"生息银两"10万两，承办内务府部分司院的经营滋生事务；简亲王神保住领出白银10万两，承办正黄旗满洲、蒙古旗份的经营滋生事务；显亲王衍潢领出白银10万两，承办正白旗满洲、蒙古旗份的滋生事务；康亲王巴尔图也领出10万两白银，承办正红旗满洲、蒙古旗份的经营滋生事务。乾隆本以为，使用如此重要的亲贵以责成，内务府各旗的"生息银两"事务必能重新振作起来，步入正轨。但是，这些亲王们如果论悠游享受，图谋私利，差不多都是行家里手，若言经营管理，解决问题，则无多大的能耐，而且大多是成事不足、败事有余的庸才。经过十多年的经营，事实证明这种经营方式是不成功的。

另一方面规定领到"生息本银"的各省旗，均责成主管必须按照规定的利率（具息八厘到一分），定期定领上缴利银，不问经营运转的情况绝不允许拖欠，逾限不交，抄没家产。这种做法，显然是挟皇上的威权，运用法律和纪律的强制力量以对各省旗主管官员施加压力，硬性规定必须上缴的最低数目，用来保证"生息银两"制度仍能继续存在和正常运转。本来对于"官当"来说，按当时的商业利息率每月息八厘到一分，应该说是极低的利率，对于各省旗来说，本来已经给予了很大的优惠，应该说是大有可为的。只是由于当时的皇当、官当、皇店、官店以及其他营业，本身都存在非常严重的腐败现象，经管人员层层中饱，漏洞百出，达到了病入膏肓的境地。到乾隆时期，相当一部分的皇当官店，均陷入入不敷出的境地，连非常低微的利银也交不出。